HESSISCHE
Landeszentrale
für politische
Bildung

Waldecks Beitrag für das heutige Hessen

GERHARD MENK

HESSEN: EINHEIT AUS DER VIELFALT **4**

Inhalt

Schloß Arolsen gebaut unter Graf und Fürst Friedrich Anton Ulrich und seit dem frühen 18. Jahrhundert Sitz der waldeckischen Familie

Vorwort

Unter den früheren Territorien, aus denen sich das heutige Bundesland Hessen zusammensetzt, nimmt Waldeck in mehrfacher Hinsicht eine Sonderstellung ein. Obwohl Grafschaft und Fürstentum nur sehr klein waren, entwickelten sie eine besonders ausgeprägte Überlebenskraft. Sie wirkte noch über das Jahr 1866 hinaus, als das Kurfürstentum Hessen-Kassel, das Herzogtum Nassau und die Freie Reichsstadt Frankfurt an Preußen fielen. Schließlich behielt Waldeck noch bis 1929 seine Selbständigkeit, auch wenn diese seit dem letzten Drittel des 19. Jahrhunderts ganz erheblich eingeschränkt war. Es ist erstaunlich, wie ein solch kleiner Staat bis weit in unser Jahrhundert hinein überleben konnte.

Waldeck hat nicht nur bedeutende Regenten hervorgebracht. Die beachtliche Zahl der in Waldeck geborenen Dichter und Gelehrten führte zu der Charakterisierung als „Genieländchen". Vor allem trug der in Arolsen geborene und in Preußen zu hohem Ruhm gekommene Bildhauer Christian Daniel Rauch zu diesem Ruf bei. Im 19. Jahrhundert waren in Waldeck bereits beachtliche demokratische und liberale Positionen verbreitet. Jedoch hat auch Waldeck sehr dunkle Schatten aus der NS-Zeit auf seiner Geschichte.

Waldeck verfügt nicht nur über Naturschönheiten und anziehende Bauten, die es inzwischen zu einem weithin bekannten Ferienland gemacht haben. Als Ferienland beeindruckt das waldeckische Upland als Wintersportzentrum ebenso wie der Edersee als sommerliche Attraktion oder die beachtlichen historischen Traditionen des Landes. Diese erweisen sich bei allem Wandel, den die Nachkriegszeit herbeigeführt hat, auch heute noch als ein innerer Ruhepunkt. Gerade an Waldeck beweist sich, daß die Bindungen an kleinere regionale Einheiten einen wichtigen Teil des Hessenbewußtseins ausmachen.

Der Autor des vorliegenden Bandes ist der Marburger Archivar Dr. Gerhard Menk, der seit rund einem Jahrzehnt durch zahlreiche Publikationen zur Geschichte von Grafschaft, Fürstentum und Freistaat Waldeck hervorgetreten ist. Menk hat in seinen bisherigen Publikationen immer wieder die europäischen Horizonte herausgestellt, in denen sich ein Kleinstaat wie Waldeck während der gesamten Neuzeit bewegte. Trotz aller Verwurzelung des historischen Bewußtseins in kleinen

4

historischen Einheiten bleibt doch auch gleichzeitig die lange ver-
drängte, ja bisweilen sogar unterdrückte Einbettung kleinstaatlicher
Entwicklungen in die „große" europäische Geschichte kaum zu übersehen.

Als jemand, der selbst in Waldeck aufgewachsen ist (in dem kleinen
Dorf Külte) und seiner Kindheit und Jugend dort viel verdankt, freue
ich mich besonders, diesen Band von Dr. Gerhard Menk herausgeben
zu dürfen.

Dr. Konrad Schacht
Direktor der Hessischen Landeszentrale für politische Bildung

I. Das Land und seine Besonderheiten

Wenn heute vom nördlichen oder nordwestlichen Hessen die Rede ist, fällt kaum noch auf, daß sich unter einem hier befindlichen Kreise ein altes Territorialgebilde versteckt: die Grafschaft bzw. das Fürstentum und zuletzt der Freistaat Waldeck. Was inzwischen nur noch einen Kreisteil - zusammen mit dem früheren Kreis Frankenberg - bildet, war aber bis 1929 zumindest formell ein eigenständiger Staat. Das vergleichsweise kleine Fürstentum mit seinen kaum mehr als 50000 Einwohnern, das seit dem November 1918 für rund zehn weitere Jahre als Freistaat Bestand hatte, überlebte mithin alle seine größeren Nachbarn. Während nämlich die Mittelstaaten Hessen-Kassel und Hannover, aber auch das Herzogtum Nassau ebenso wie das wirtschaftlich wichtige Frankfurt 1866 dem energischen Zugriff Preußens Tribut zollen mußten, behielt das kleine und im politischen Windschatten liegende Waldeck seinerzeit zumindest nach außen hin den Charakter einer eigenständigen staatlichen Einheit.

Sicherlich war die weitere Existenz Waldecks unter altem Namen und mit einem Fürsten an der Staatsspitze kaum mehr als ein formeller Akt. Die rechtliche und finanzielle Abhängigkeit des kleinen waldeckischen Staates von Preußen blieb nämlich mit dem 1867 geschlossenen und am 1. Januar 1868 in Kraft getretenen sogenannten Akzessionsvertrag kaum zu übersehen. Je nach Standpunkt des Beobachters verwundert oder aber beeindruckt gleichwohl die Überlebensfähigkeit eines Klein- bis Kleinstterritoriums bis in das frühe 20. Jahrhundert hinein. Dieses Vermögen ist um so bemerkenswerter, als das im frühen 13. Jahrhundert entstandene staatliche Gebilde eigentlich kaum dazu befähigt erschien, über eine so lange Zeit hinweg eine derart beachtliche innere Bindung und damit zugleich die besondere Überlebenskraft zu entwickeln. Zum einen nämlich führte die Stammesgrenze zwischen Sachsen und Franken mitten durch das Land. An den Ortsnamen läßt sich auch jetzt noch unschwer die Linie erkennen, die das Territorium durchzog. Entsprechendes gilt für die Sprachgrenze zwischen Nieder- und Oberdeutsch - und weitere trennende Merkmale wie etwa die unterschiedlichen Häuserformen ließen sich unschwer anfügen. Die stärkeren Zugehörigkeitsmerkmale des nördlichen Waldeck zum benachbarten Westfalen sind noch 1927 in den erheblichen Anstrengungen im waldeckischen Upland zu erkennen, an die preußische Provinz Westfalen angegliedert zu werden.

Wappen des Fürstentums Waldeck zu Ende des 18. Jahrhunderts

Solche Bemühungen machen zugleich deutlich, daß es dem waldeckischen Territorium eigentlich zu keinem Zeitpunkte seiner rund
800jährigen Geschichte gelang, einen auch nur einigermaßen abgerundeten Charakter zu gewinnen. Immerhin bis zum späten 17. Jahrhundert dauerte es, ehe von einer auch nur einigermaßen klaren Oberhoheit des Landes gesprochen werden kann. Erst im frühen 18. Jahrhundert kann eine klare Grenzziehung festgehalten werden, verlor doch

Waldeck 1717/18 noch den vorher umstrittenen kleinen Ort Wenzige-
rode (unweit Bad Wildungen) an die benachbarte Landgrafschaft Hessen-Kassel. Nicht minder beeinträchtigten die hessen-darmstädtischen
Exklaven Höringhausen (östlich Korbach) und das Kirchspiel Eimelrod
(im waldeckischen Upland) die Einheitlichkeit des Landes. Beide muß-
ten einem auf Arrondierung bedachten Landesherrn geradezu wie
Pfähle im eigenen Fleisch erscheinen - und dennoch blieben die Exkla-
ven bis zum Ende Waldecks erhalten. Daß der vergleichsweise große
Pyrmonter Außenbesitz - das ehemalige Fürstentum - noch bis zum
Frühjahr 1922 zu Waldeck gehörte, ehe es der preußischen Provinz
Hannover zugeschlagen wurde, darf ebenfalls als eine der territorialen
Merkwürdigkeiten genannt werden, die Waldeck auszeichneten.

Neben den besonderen territorialen Verhältnissen, die im 17. Jahrhundert durch den Besitz der Grafschaft Cuylenburg (südlich Utrecht) und
der Herrschaft Tonna (nordwestlich von Erfurt) eine weitere Bereiche-
rung finden, belasteten zwei zentrale Probleme durchgängig die Existenz
des Landes. Zum einen war es die rechtliche Frage der Oberhoheit, die
selbst in der nach Klarheit strebenden Neuzeit nie eindeutig gelöst
wurde. Während der große Nachbar Hessen-Kassel bis in die Mitte des
19. Jahrhunderts ein Lehnsverhältnis für gegeben sah und dieses auch
immer wieder in praktische Politik umzusetzen suchte, standen dem ein-
deutige Merkmale der Reichsunmittelbarkeit bzw. staatlichen Eigenständigkeit gegenüber. Neben dieser rechtlichen Problematik beein-
trächtigte nicht minder ein anderes Moment ganz zentral die Eigenständigkeit des Landes: seine Finanzen. Wie viele andere Kleinterrito-
rien war der waldeckische Staat zeit seiner Existenz von Schulden zumindest stark belastet, wenn nicht gar überlastet. „Die Grafen von Waldeck
und Pyrmont sint extreme arm, und kein Geld im Lande", hielt zu Anfang
des 18. Jahrhunderts der hohe Beamte Anton Friedrich Suden fest - und
damit beschrieb er die Lage ebenso knapp wie zutreffend.

Selbst der Soldatenverleih, wie ihn die Landesherren seit dem späten
17. Jahrhundert an die Republik Venedig und während des 18. Jahrhunderts in noch stärkerem Umfang an das Heilige Römische Reich,
die Niederlande und für kurze Zeit auch an England durchführten, änderte an den Finanzverhältnissen so gut wie nichts mehr. Während beispielsweise die Landgrafen von Hessen-Kassel im späten 18. Jahrhundert durch eine umfangreiche Truppenvermietung geradezu im Geld
schwammen, geriet das kleine Waldeck zum gleichen Zeitpunkt trotz
dieser von der Aufklärung scharf gebrandmarkten Geldschöpfung

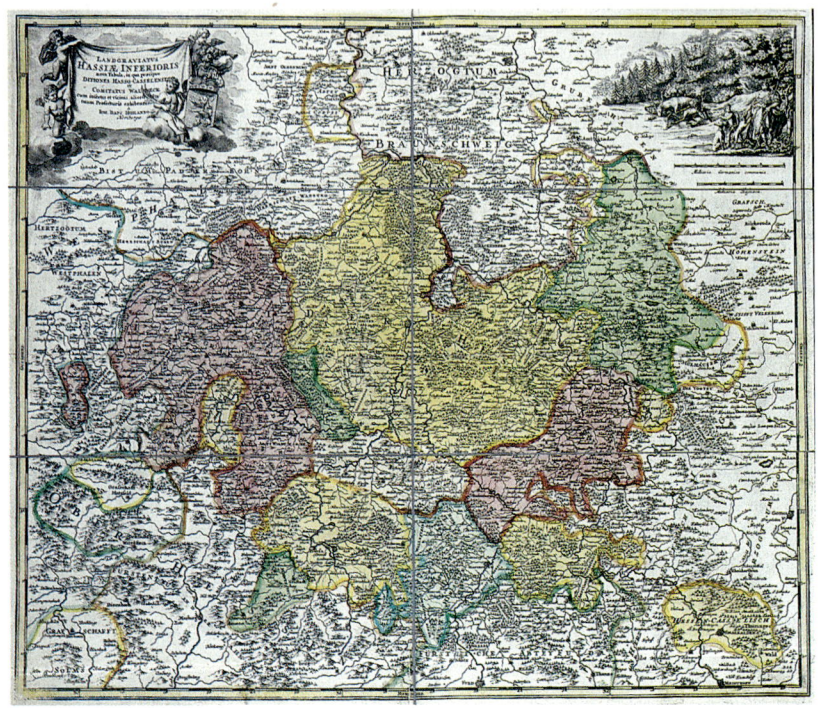

Waldeck und Umgebung. Mitte des 18. Jahrhunderts

dennoch in höchste Gefahr. Ein drohender Staatsbankrott konnte seinerzeit nur dadurch abgewendet werden, daß ein umfangreicher Kredit bei dem Nachbarn Hessen-Kassel aufgenommen werden mußte. In welcher Notlage sich Fürst Friedrich seinerzeit befand, mag daran abgelesen werden, daß er den schleichenden Anfall Waldecks an den Kreditgeber stillschweigend in Kauf nehmen mußte, um den Staat auf diese Weise zumindest kurzfristig zu retten.

Doch sowohl diese wie andere, kaum weniger problematische Situationen in der Geschichte des Landes blieben schließlich bis in das 20. Jahrhundert hinein folgenlos. So überstand Waldeck zur Verwunderung aller Beobachter die schwierige napoleonische Ära ebenso wie die territoriale Bereinigungswelle in dessen Gefolge, so daß es sich auch noch im Deutschen Bund ein wenn auch kleiner, so doch weiterhin eigenständiger Staat wiederfand. Noch größerer Chuzpe bedurfte es freilich 1866, als dem Staat endgültig das Totenglöckchen zu schlagen schien.

Doch selbst diesmal kam Waldeck - wenn auch nicht völlig unbeschadet - aus den einschneidenden territorialen Bereinigungen in seinem
unmittelbaren Umfeld als immer noch formal selbständiger Staat heraus. Das seit seinem Entstehen fortwährend in seiner Existenz höchst
gefährdete, an den Maßstäben größerer Territorien vielleicht sogar
kaum lebensfähig zu nennende Land bewies so eine beachtliche Zähigkeit des Überlebens.

Nur so wird die auch heute noch ausgeprägte waldeckische Traditions-
pflege verständlich, in der seit dem späten 19. Jahrhundert auch zahlreiche außerhalb des Landes gegründete Waldeck- Vereine eine Rolle
spielen. Den lebendigsten Ausdruck findet die starke innere Bindung
an das Land in einer besonderen Landeshymne, die von dem Pfarrer
August Koch gedichtet wurde. Die erste Strophe dieser Hymne, die bis
heute bei wichtigen Ereignissen gesungen wird, vermittelt einen sehr
lebendigen Eindruck von dem historisch gewachsenen und über längere Zeit zum Selbstverständnis gewordenen Überlebenswillen eines
ebenso kleinen wie stets gefährdeten Staates:

> Unter allen Landen deutscher Erde
> Preis ich Waldeck, mein lieb Heimatland.
> Bis zum letzten Atemzuge werde
> Ihm ich weihen Herz und Hand.
> Mein Waldeck lebe hoch !
> Mein Waldeck lebe hoch !
> Mein teures, liebes Waldeck,
> Es lebe, lebe hoch !

Trotz allen Selbstbezugs, wie er hier in überaus pathetischer Form zutage tritt, hat Waldeck doch zu keinem Zeitpunkt ein Inseldasein geführt. Gerade bei den kleinen Territorien, für die Waldeck bis in die
Mitte des 19. Jahrhunderts als repräsentatives Beispiel dienen kann,
waren schon die eingestreuten Enklaven und mehr noch das unmittelbare geographische Umfeld von erheblicher Bedeutung. Überdies aber
mußten die rechtlichen und politischen Abhängigkeiten sorgsam im
Auge behalten werden, um das staatliche Überleben zu gewährleisten.
Gerade in Krisensituationen war es angesichts der eigenen Machtlosig-
keit wichtig, nicht nur zur Partei der Mächtigen, sondern möglichst
auch zu derjenigen der späteren Sieger zu gehören. So bedurfte es
unter den Regenten wie den Beamten gleichermaßen immer des
kühlen Blickes für wechselnde Machtverhältnisse, um sich der richti-
gen und besten Unterstützung zu versichern.

II. Von der Entstehung der Grafschaft bis zur Abhängigkeit von Hessen (frühes 12. bis frühes 15. Jahrhundert)

Die Ausbildung eines eigenen Territorialgebildes im sächsisch-engrisch-westfälischen und hessisch-fränkischen Grenzgebiet ist einem altsächsischen Geschlecht zu verdanken, das seinen Stammsitz auf dem Schwalenberg südlich der gleichnamigen Stadt besaß. Seit dem 11. Jahrhundert hatten die Schwalenberger einen beträchtlichen Besitz vor allem in nördlicher Richtung bis in das Leinegebiet versammelt. Graf Widekind I. von Schwalenberg war es, der sich als Lehnsmann und Anhänger des Herzogs und späteren Kaisers Lothar über die Stellung eines Vizevogts von Kloster Corvey (1116) und eines Hauptvogts des Hochstiftes Paderborn (1123) Einkünfte und politisches Gewicht gleichermaßen erwarb. Als Widekind um 1130 eine Ehe mit Liutrud von Itter einging, öffnete er sich den Weg für den Erwerb der gleichnamigen Herrschaft. Zusammen mit einem nicht geringen Besitz der beiden Paderborner Stadtklöster Abdinghof und Busdorf im Bereich zwischen Volkmarsen und dem oberen Edertal wuchs so ein neues territoriales Schwergewicht der Schwalenberger im Süden ihres bisherigen Herrschafsgebietes heran.

Zu diesem Herrschaftsgebiet rechnete alsbald auch die Burg Waldeck, die zuvor möglicherweise einem Bernhard von Waldeck gehörte, der zwischen 1120 und 1140 als Vasall des Klosters Corvey und im Gefolge des Kölner Erzbischofs genannt wird. In der Mitte des 12. Jahrhunderts erweiterten die Schwalenberger ihren Besitz im künftigen Territorium durch einen Vorstoß an die Diemel zwischen Marsberg und Warburg, und ebenso konnten sie die Orte Immighausen und Goddelsheim an sich bringen. Während der Erwerb der Vogtei über Flechtdorf von nur kurzem Erfolg gekrönt blieb, gelang aber 1188 ein weiterer bedeutsamer Schritt zur Festigung ihrer Stellung. Auf Antrag Widekinds III. verlieh nämlich der Bischof von Paderborn den Bürgern von Korbach das Soester Stadtrecht. Nunmehr war der Zugriff der Schwalenberger auf das wirtschaftlich blühende Korbach offen, der Herrschaftsbereich hatte sich über Streubesitz hinaus zu einem schon vergleichsweise abgerundeten Besitz erweitert.

Ein erster Ausdruck des neuen territorialen Besitzes findet sich am 13. April 1180, als Widekind III. unter den 24 Laienzeugen eines auch für die Reichsgeschichte höchst bedeutsamen Aktes erscheint. Widekind führt nämlich in der Urkunde, mit der Kaiser Friedrich Barbarossa das Herzogtum Westfalen nach der Niederlage Heinrichs des Löwen an den Erzbischof von Köln übertrug, sowohl den Namen „von Waldeck" wie „von Schwalenberg". „Widdikindus de Waltecke", wie er sich hier nennt, sah sich in der Folgezeit einem bis zur Jahrhundertwende andauernden Druck von Kölner Seite ausgesetzt. Danach gelang es dem Paderborner Bischof, die Stellung der Schwalenberger stetig zu schwächen. Der Höhepunkt war 1227 zu verzeichnen, als die Brüder Volkwin und Heinrich sich mit 100 Rittern und Knappen dem Paderborner Lehnsherrn unterwerfen und auf zahlreiche Rechte, darunter das Befestigungsrecht der Stadt Korbach, verzichten mußten. Auch den Kölner Erzbischöfen gelang es nach zwischenzeitlicher Zurückhaltung, von der Westflanke her auf den Schwalenberger Herrschaftsbereich zu drängen. Das Stift Corvey überließ 1230 dem Kölner Erzbischof nämlich die Hälfte der Burgen Obermarsberg und Lichtenfels und räumte zudem die gemeinsame Errichtung einer neuen Stadtanlage ein. Bei den Orten handelte es sich entweder um Sachsenberg oder um Fürstenberg im heutigen Südwesten Waldecks. Schließlich wurde 1233 in den Auseinandersetzungen zwischen Mainz und den Thüringer Landgrafen die Stadt Frankenberg als deren Befestigung erbaut.

Während dieser äußerst bewegten Zeit entschied man sich im Schwalenberger Hause für eine endgültige Trennung in einen Schwalenberger und Waldecker Territorialteil. Die Trennung vollzog sich in den Jahren 1228 und 1229 mit der klar erkennbaren Absicht, die versprengt liegenden territorialen Splitter durch eine engere personelle Zuordnung zu stärken und sie so zugleich angesichts des hohen Gefährdungsgrades besser schützen zu können. Den südlich gelegenen Territorialteil erhielt Adolf, der bereits zuvor als Propst des Klosters Arolsen hervorgetreten war und rasch den ihm zugewachsenen Herrschaftsbereich weit besser, als dies zuvor möglich erschien, auf äußerst zupackende Art absicherte.

Graf Adolf I., der nunmehr durchgängig unter der Bezeichnung „von Waldeck" auftrat, zog während seiner rund 40jährigen Regierungszeit zuerst einmal Vorteile aus dem seinerzeit recht offenen Feld der Interessen, die in dem von ihm beherrschten Gebiet aufeinanderstießen. Neben den Kölner Erzbischöfen und den Bischöfen von Paderborn als größeren Konkurrenten hatte sich auch das Mainzer Erzstift seit dem frühen 12. Jahrhundert ein territoriales Standbein im genannten Gebiet geschaffen; ebenso bemühten sich die Landgrafen von Thüringen –

Die Brüder Volkwin und Adolf, Grafen von Schwalenberg und Waldeck
urkunden für das Zisterzienserinnen-Kloster St. Maria in Netze 1228

und in ihrer Nachfolge die Landgrafen von Hessen – um die Festigung ihrer Interessen. Aber auch die Grafen von Everstein waren ebenso zu beachten wie die beiden Klöster Arolsen und Flechtdorf mit einem erklecklichen Besitz. Überdies freilich gelang es Adolf, durch enge Anlehnung zuerst an den Mainzer Erzbischof Siegfried von Eppstein, schließlich auch an König Wilhelm (von Holland) Vorteile für die eigenen territorialen Interessen zu ziehen. König Wilhelm übertrug ihm sogar 1255 das erst 20 Jahre zuvor geschaffene Amt des Reichshofrichters. Mit dem alsbaldigen Tod Wilhelms endeten Adolfs Ambitionen auf Reichsebene bereits nach einem Jahr.

Sehr viel längerfristiger sollten die teritorialpolitischen Erfolge Adolfs ausfallen. Denn nach der Stiftung des Klosters Netze (1228) befestigte er wenig später die der Burg Waldeck vorgelagerte gleichnamige Stadt. Auch Adolfs weitere Städtepolitik zeugt von einer äußersten Systematik. Nach Rhoden (1236) wurde das östlich Landau gelegene Bifangen (vor 1240) gegründet, dann folgten in vergleichsweise kurzen Abständen Freienhagen (1253) und Sachsenhausen (1260). Das Band der städtischen Neugründungen zog sich schließlich bis in den Südwesten nach Fürstenberg und Sachsenberg einschließlich der Burg Lichtenfels hin (1267). Auch der vor 1249 begonnene Burgbau auf dem Eisenberg vor den Toren Korbachs deutet auf die energische Politik Graf Adolfs. In dieses Bild paßt zudem die Gründung und der mit Nachdruck geförderte Ausbau der Neustadt Korbach, deren Selbständigkeit bis zum Zusammenschluß mit der Altstadt im Jahr 1377 erhalten bleiben sollte. Otto I. setzte die Politik seines Großvaters Adolf fort, indem er den Städtering durch die Anlage von Landau (1294) und Mengeringhausen (1299) ergänzte. Nimmt man noch die Lehnsoberhoheit über die Burg Nordenau unterhalb des Kahlen Asten im oberen Lennetal hinzu (1297/98), dann waren bereits im späten 13. Jahrhundert die äußeren Umrisse der späteren Grafschaftsgrenzen in groben Linien vorgezeichnet.

Allerdings mußten die Grafen auch künftig noch sehr auf der Hut sein, zumal Kurköln sich weiterhin nicht nur im Westen, sondern nunmehr auch im Diemelgebiet eine neue territoriale Basis schuf, die ebenso wie die Politik der waldeckischen Grafen auf die zusätzliche Ausübung der Gerichtsbarkeit abzielte. Der Bau der Wetterburg (kurz vor 1321), deren Namen später ein Amt tragen sollte, dürfte als weithin erkennbarer Prellbock gegen den Ausgriff kölnischer Interessen geplant worden sein. Allerdings war sie schließlich nur unter der Bedingung zu halten,

daß die Verpfändung einer Hälfte an den ebenso mächtigen wie ungeliebten Nachbarn erfolgte. Offenbar erleicherte aber die von Kurköln
entrichtete Geldsumme den territorialpolitisch schmerzlichen Akt –
schon unter Graf Adolf I. waren die gräflichen Kassen leer und sollten
es auch weiterhin bleiben. Immerhin vermochte man noch in der ersten
Jahrhunderthälfte Burg und Stadt Züschen im Südosten des Herr-
schaftsgebietes an sich zu bringen. Freilich handelte es sich dabei wie
auch im Falle des Amtes Naumburg (1345) und einer Hälfte der jüngeren Herrschaft Itter (1359) um einen recht unsicheren Besitz.

Siegel Graf Adolfs I. von Waldeck 1253

Trotz aller verbleibenden politischen Fährnisse und Unabwägbarkeiten erfolgten zwischen Mitte und Ende des 14. Jahrhunderts zwei weitere, ganz entscheidende Schritte, die zur inneren Verdichtung der gräflichen Herrschaft und überdies zur äußeren Aufwertung der Grafschaft führten. Zuerst einmal schlossen die Grafen 1344 einen Vertrag, in dem festgelegt wurde, daß die Regierung inskünftig nur in einer Hand liegen solle. Als langfristig wichtiger sollte sich die Bestätigung aller Reichslehen und Freiheiten der waldeckischen Grafen durch König Wenzel im Jahre 1379 erweisen. Mit diesem Akt konnten die waldeckischen Grafen einen beachtlichen Erfolg ihrer bisherigen Politik verzeichnen, die zumindest während der Regierungszeit Adolfs I. königsnah war. Die Reichsunmittelbarkeit der Grafschaft fand sich dann gegen 1420 noch einmal unterstrichen, als neuerlich eine umfassende Bestätigung der Reichslehen erfolgte.

Die Anzeichen der inneren Konzentration, wie sie im 1344 geschlossenen Familienvertrag zum Ausdruck kommen, konnten nur ein halbes Jahrhundert vorhalten. Denn bereits 1397 umgingen die beiden Söhne Heinrichs des Eisernen, der ebenso durch eine großzügige Finanzpolitik wie durch einen militärischen Akt gegen Korbach aufgefallen war, das noch junge Erbstatut. Graf Adolf IV. nahm seine Residenz in Landau, Heinrich VII. regierte von der Burg Waldeck aus. Die mangelnde Vertragstreue der beiden Brüder sollte die Grafschaft schließlich in große Verlegenheit stürzen. Zwar konnte Graf Heinrich 1413 von einem Sieg der Stadt Korbach über die Herren von Padtberg profitieren und das Gogericht Flechtdorf an sich ziehen, doch blieb dies der letzte erkennbare Erfolg gräflicher Politik. Denn schon während der Padtberger Fehde mußten Züschen an die Herren von Meisenbug und das Amt Lichtenfels im Südwesten an die Adelsfamilie von Dalwigk abgetreten werden. Beide Verluste, die langfristige Folgen haben sollten, deuteten ebenso wie der Ausgang der Padtberger Fehde an, daß künftig die Städte und auch die adligen Lehnsmannen der Grafen eine neue Rolle innerhalb der Grafschaft übernehmen konnten, ja schließlich sogar mußten. Die wichtigste Vorbedingung hierfür war freilich die Uneinigkeit der Grafen untereinander. Gerade hieran sollte es künftig keinen Mangel geben.

Lehnsbrief König Wenzels für Graf Heinrich von Waldeck 1379

III. Zwischen hessischer Lehnsbindung und dem Bemühen um territoriale Eigenständigkeit (1431 – 1588)

Zuerst einmal wurden die politischen Differenzen der beiden Grafen Heinrich und Adolf IV. in den Auseinandersetzungen zwischen der hessischen Landgrafschaft und dem Mainzer Kurfürsten deutlich. Am Ende einer äußerst unklugen und nur schwer nachvollziehbaren Bündnispolitik trug der Landauer Regent dem hessischen Landgrafen Ludwig I. 1431 zuerst seinen Grafschaftsteil als Lehen auf, doch folgte Heinrich im Sog der hessischen Stärke nur sieben Jahre später nach. Nachdem 1425 zum letzten Mal eine Reichsbelehnung erfolgt war, hatte der chronisch zu nennende Zwist zwischen Heinrich und Adolf IV. die staatsrechtliche Qualität der Grafschaft inzwischen entschieden vermindert. Fortan war Waldeck zwar mediatisiert, zugleich aber doch reichsunmittelbar – ein eigentlich nur schwer faßbarer rechtlicher Status, der aber durch die Reichsverfassung durchaus abgedeckt war. Daß eine solche Rechtskonstruktion in bestimmten politischen Krisensituationen mannigfaltige Ansatzpunkte für eine weitherzige Interpretation des jeweiligen Standpunkts gab, war durchaus natürlich.

Doch zuerst einmal bedurfte es von hessischer Seite gar nicht einer Überdehnung des Rechts, um die Grafschaft immer stärker in eine Satellitenfunktion hineinzudrängen. Als 1466 eine Teilung der Landgrafschaft vorgenommen wurde, erweckte man bereits von hessischer Seite den Eindruck, als sei Waldeck ein Teil des eigenen Territoriums und nicht mehr von eigenständiger Qualität. Die Grafen erschienen zudem auf den hessischen Landtagen und während der Kratzensteiner Händel (1475 – 1487), einer Auseinandersetzung zwischen der Korbacher Bürgerschaft und den Grafen, griff man von hessischer Seite mit allem Nachdruck ein. Auch bei Gelegenheit eines Streites mit dem Kurfürsten von Mainz über das Dorf Ungedanken (1490) wurde Graf Heinrich VIII. nach Kassel zitiert und mußte sich hier rechtfertigen. Während alles bereits darauf hindeutete, daß die Lehnsverträge aus den 30er Jahren immer stärker eine fatale Wirkung für die Selbständigkeit des Landes entwickelten, konnte Graf Philipp II. 1495 auf dem Reichstag zu Worms neuerlich eine Reichsbelehnung für Waldeck erwirken. Damit war zumindest in rechtlicher Hinsicht der Schwebezustand zwischen Reichsunmittelbarkeit und hessischer Abhängigkeit erhalten.

Auch in anderer Hinsicht versuchte Philipp II. das Ruder mit aller Kraft herumzuwerfen und sich möglichst aus dem politischen Magnetfeld der hessischen Politik herauszuhalten. In den familiären Auseinandersetzungen, die in den letzten beiden Jahrzehnten des 15. Jahrhunderts neuerlich übermächtig zu werden schienen, zog man anstatt der hessischen Landgrafen lieber die Grafen von Nassau und Solms oder aber den Kleinadel aus der näheren und weiteren Umgebung Waldecks zur Lösung der anstehenden Familienfragen hinzu. Zunehmend in die Rolle des Schiedsrichters rückten auch die eigenen Städte und mehr noch der territoriale Adel, ohne daß freilich schon eine feste landständische Organisation ausgebildet gewesen wäre. Noch bestimmte mehr die Notwendigkeit des Augenblicks als eine langfristig angelegte planerische Konzeption die inneren Belange des waldeckischen Territoriums.

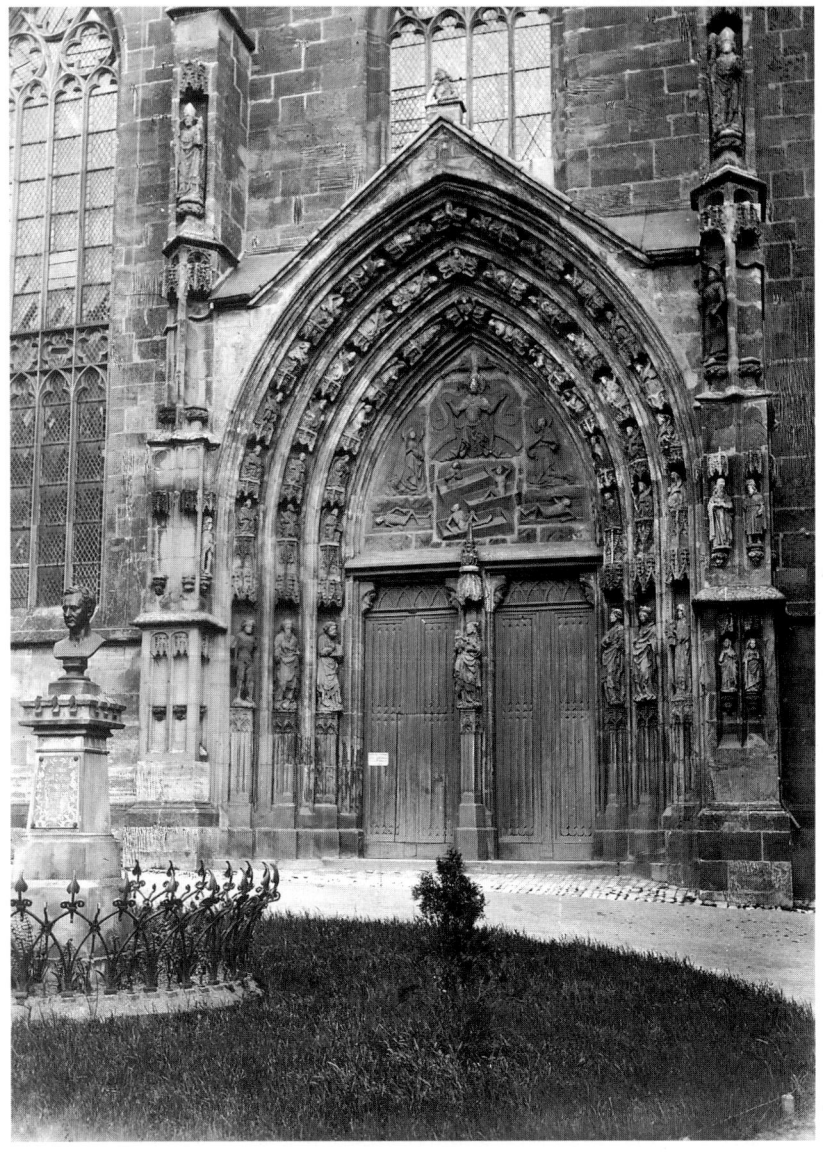

Spätgotisches Portal der Kilianskirche zu Korbach

*Schlußstein der Kirche zu Netze
mit waldeckischem Wappenschild*

*Regentenfigur aus der
waldeckischen Grablege. zu
Netze: Graf Heinrich IV.*

Ohne jede Frage hatten die Querelen innerhalb des Grafenhauses und die hessische Lehnsauftragung den Prozeß der territorialen Modernisierung nachhaltig behindert. Nach dem Tod Graf Ottos IV. und dem damit verbundenen Aussterben der Landauer Linie (1495) ergab sich neuerlich Gelegenheit zu heftigen Auseinandersetzungen, in die diesmal nicht nur die waldeckischen Städte und der Adel verwickelt wurden. Vielmehr wurden bei den Juristenfakultäten zu Mainz, Erfurt und Leipzig Gutachten eingeholt, und überdies schaltete Graf Heinrich das eben zuvor entstandene Reichskammergericht ein. Schließlich bedurfte es auch noch der Intervention Landgraf Wilhelms II. von Hessen und benachbarter Grafen, um in mehreren Verträgen eine gütliche Einigung zwischen den völlig zerstrittenen Grafen herbeizuführen. Der Familienvertrag vom 25. August 1507, der später immer wieder als herausgehobene dynastische Grundlage für das waldeckische Haus angesehen wurde, bedeutete jedoch nur eine Zwischenstation im Einigungsprozeß. Erst 1513, nach dem Tod des streitbaren Heinrich VIII., beruhigte sich die innerfamiliäre Situation. Philipp II. und sein Sohn Philipp III. sowie Heinrichs Nachfolger Philipp IV. von der Wildunger Linie bestätigten einen 1489 geschlossenen, aber seinerzeit ohne Wirkung gebliebenen Burgfrieden.

Dies bedeutete an der Wende zur Neuzeit und den kommenden Herausforderungen ein mehr als hoffnungsvolles Zeichen für die kleine Grafschaft. Zwar blieben die familiären Probleme zuerst einmal erhalten, doch entwickelten sie jetzt nicht mehr den zuvor immer hervorstechenden Zug der Grundsätzlichkeit. Von erheblicher Bedeutung für die Grafschaft erwies sich freilich die 1495 eingeleitete Reichsreform. Sie leitete nämlich eine geographische und zugleich auch politische Neuorientierung Waldecks ein. Das bislang mehrheitlich in den niederdeutschen Bereich orientierte Land wurde nämlich mit der Einteilung des Reiches in Kreise dem Oberrheinischen Kreis zugeschlagen, dessen Schwerpunkt ganz eindeutig im oberdeutschen Bereich lag. Nun wurde wieder einmal der grenzüberdeckende Charakter Waldecks zwischen Nieder- und Oberdeutschland erkennbar. Über alle politischen und finanziellen Schwächen hinweg, die es – bis auf geringe Ausnahmen – während der gesamten Neuzeit bestimmen sollten, behielt es doch seine Rolle als erratischen Block im Spannungsfeld der beiden sprachlich und mental so unterschiedlichen Bereiche.

Der Prozeß bis hin zu einer ganz territorialorientierten Sicht der Dinge sollte sich jedoch noch lange hinziehen, denn erneut geriet das Land in

Abendmahl – Flügelaltar der Kirche zu Netze

die schweren Turbulenzen, die diesmal allerdings nicht – und dies in jeder Hinsicht – hausgemachter Art waren. Vielmehr wirkten die Unruhen von außen auf das eben erst beruhigte Land ein. Zuerst einmal galt dies für den Bauernkrieg. Er scheint Waldeck freilich nur an seinen auch später immer wieder unruhigen Rändern – im Westen und im Edertal – berührt zu haben. Auch ist die Erhebung der Bauern in Waldeck nicht so eng und unmittelbar mit der Reformation verflochten wie in anderen Territorien. Zwar zeigten sich die beiden Grafen Philipp III.

und Philipp IV. 1521 als hessische Lehnsleute zumindest kurzfristig auf dem Wormser Reichstag, doch mußte man auf die reformatorischen Impulse noch eine Zeitlang warten. Sie wurden durch die Heirat Graf Philipps IV. mit Margarete von Ostfriesland vorbereitet und gewannen erst im Frühjahr 1526 durch ein Gutachten des hessischen Hofpredigers Adam Krafft für den Wildunger Grafen den entscheidenden Anstoß. Als im April 1526 ein Vertrag über die Aufhebung des Klosters Arolsen abgeschlossen wurde, war der Weg frei für einen äußerst schwierigen und zudem sehr langwierigen Prozeß. Kaum klarer als in Waldeck läßt sich die Reformation als ein eindeutig von obrigkeitlicher Seite eingeleitetes und nur mit fremder, nämlich hessischer Hilfe mögliches Unternehmen erkennen. Von Wildungen aus, wo der waldeckische Reformator Johannes Hefentreger (Trygophorus) die erste evangelische Predigt hielt, konnte der neue Glaube langsam auch auf die restlichen Teile der Grafschaft übergreifen.

Sicherlich ließ sich der neue Glaube auch als einigendes Band für ein Grafenhaus nutzen, das weiterhin heftig um seine innere Einheit rang. Überaus zahlreiche Familienverträge, wie sie in den 30er Jahren einschließlich des „großen" Vertrags von 1538 geschlossen wurden, zeigen die umfangreichen dynastischen Probleme an, die alle innerfamiliären Kräfte in Anspruch nahmen. Nicht selten war die hilfreiche Hand des Münsteraner Bischofs Franz von Waldeck nötig, um den zähen Gang der Dinge zu beenden und die Angelegenheiten des waldeckischen Hauses voranzubringen. Oft gelang es auch nur mit hessischer Hilfe, eine Einigung zu erreichen. Immer noch war die Notwendigkeit einer Anlehnung an den größeren Nachbarn unübersehbar, um auch nur die familiären Probleme zu bewältigen. An eine konstruktive Planung für die innerstaatliche Neuordnung nach jenen Prinzipien, wie sie bei den größeren Territorien – darunter auch dem hessischen Nachbarn – schon stattgefunden hatte, war gar nicht erst zu denken.

Eine Wendung der Dinge zeichnete sich zu Anfang der 40er Jahre ab, als der äußere Druck auf die Grafen von Reichsseite den Ansatz zu neuen Impulsen lieferte. Nach der bereits kurzfristigen Einschaltung des Reichskammergerichts kurz vor der Wende zum 16. Jahrhundert wirkte jetzt neuerlich das Heilige Römische Reich in ganz nachhaltiger Weise auf die kleine Grafschaft ein. Zuerst einmal erfolgte eine organisatorische Innovation, die die innere Verfassung des Landes langfristig innerterritorial prägen sollte. Unter dem Eindruck der Steuergesetzgebung des Reichs sahen sich die Grafen nämlich genötigt, eine Ver-

*Graf Philipp III. von Waldeck, unter dem die Reformation eingeführt wurde
(Gemälde von H. Aldegrever)*

besserung der territorialen Verwaltung auf den Weg zu bringen. Die bisher lose Formation von Städten und Adel, die nur zu besonderen Gelegenheiten für die Belange des Landes herangezogen worden waren, gruppierte sich nun in eine ständig klarere Konturen gewinnende landständische Organisation. Bereits in den 50er Jahren reiften die Landstände zu einer ernstzunehmenden Kraft im politischen Spektrum der Grafschaft heran.

Doch zwischenzeitlich zeigten sich auch die Rückwirkungen des Reichs auf die äußere Rechtsstellung Waldecks. Als hessische Lehnsleute gerieten die Grafen in die Auseinandersetzungen zwischen Kaiser Karl V. und den protestantischen Reichsfürsten, zu deren großen Führern bekanntermaßen Landgraf Philipp von Hessen gehörte. Als die Niederlage des Schmalkaldischen Bundes nach der Schlacht am Mühlberg (1547) feststand, schien der kaiserliche Bannstrahl auch die waldeckischen Grafen mit – so stand zu vermuten – schwersten Folgen zu treffen. Während man sich in Waldeck hinter den Landgrafen von Hessen verstecken wollte, bestand Karl V. ausdrücklich darauf, daß alle führenden Mitglieder des waldeckischen Hauses sich persönlich bei ihm einfanden, um Abbitte für die Beteiligung am Schmalkaldischen Bund zu leisten. Mochte das für Graf Wolrad II. noch einsichtig sein, der inzwischen zu einem der geistigen Führer des Protestantismus herangereift war, so durfte man dies für die anderen Mitglieder des Landes als eine bewußte Strafaktion ansehen. Die Grafen mußten sich denn auch alle dem kaiserlichen Befehl fügen. Was sich freilich im zeitlichen Umfeld des Augsburger Reichstags von 1548 als Demütigung der Grafen ansehen mochte, stellte sich später als großer Vorteil für das waldeckische Haus heraus. Denn mit nichts ließ sich in der Folgezeit die Reichsunmittelbarkeit Waldecks besser unterstreichen als mit dem Anspruch des habsburgischen Kaisers, unmittelbar auf die Grafen zugreifen zu können.

Auch wenn der Druck Karls V. auf die waldeckischen Grafen Ende der 40er Jahre übermächtige Züge anzunehmen schien, überstanden sie doch die heiklen Zeiten nach Ende des Geharnischten Reichstags, ohne vom angenommenen evangelischen Glauben abzufallen. Als sich die politischen Verhältnisse im Reich wieder beruhigten, konnten sich die Grafen jetzt endlich den inneren Problemen des Landes zuwenden. Außer der Aufbringung der Reichssteuern, die aus den verschiedensten Gründen sehr schwer fiel, rückte nun auch die Konfessionspolitik wieder in den Mittelpunkt des Interesses. Ein vorläufiger Abschluß der Reformationsperiode und zugleich als ein vorsichtiger Akt waldeckischer Eigenständigkeit ist in der Kirchenordnung zu erkennen, die auf einer im Februar 1556 zu Volkhardinghausen abgehaltenen Synode verhandelt und einen Monat später von den Grafen Philipp IV., Wolrad II., Johann und Samuel in Form eines Druckes gemeinsam erlassen wurde. Offenbar regte der gerade eben erst geschlossene Augsburger Religionsfriede die Grafen zum verstärkten und beschleunigten Zugriff auf die kirchlichen Verhältnisse des Landes an – neuerlich profitierte man in Waldeck von der Reichsgesetzgebung, die gut erkennbar für kleinere Territorien nützliche Ansatzpunkte zu ihrer Selbstfindung besaß.

In der Einleitung zur Kirchenordnung heißt es, daß „die under dem Bapstumb" vorhandenen „Abgöttereien, Greuel und Mißbräuche" sowie andere „Irrtümer, verführerische, falsche Lehren" endgültig abgeschafft werden sollten. Zugleich wurde verfügt, daß künftig die Kirchen und Schulen in allem und jedem „eintrechtiglich und gleichförmig" behandelt werden sollten, so daß der Kirchenordnung ein deutlich einigendes und zugleich normierendes Moment innewohnt. Ein eigenes Kapitel über die „Kirchen-Ordnung auf den Dörffern" verweist jedoch darauf, wie unterschiedlich der Reformationsprozeß zwischen den Städten und den Dörfern beurteilt wurde. Auch die vergleichsweise langsame Säkularisierung des Klostergutes unterstreicht, mit welch zurückhaltendem Zugriff die waldeckischen Grafen sich jener Möglichkeiten bedienten, die der Augsburger Religionsfriede den Landesherren in Kirchensachen eigentlich eröffnete.

Auch wenn die Stände an der 1556 erlassenen Kirchenordnung offenbar nicht beteiligt waren, so unterstützten sie den Prozeß der inneren Festigung des waldeckischen Landes sicherlich nicht weniger als die Grafen. Denn die Stände drängten seit Mitte der 50er Jahre in einem beeindruckenden Maße auf eine stärkere Distanz zu der Landgrafschaft Hessen, einem Staate, der freilich seit der Festsetzung Philipps des Großmütigen durch Karl V. bis zum Tode des großen Landgrafen im Jahre 1567 nicht mehr jene politische Strahlkraft besaß wie vordem. Den schon den in der Kirchenordnung klar zutage tretenden Eigenständigkeitsbezug sowie auch die ständischen Anregungen zur Abgrenzung gegenüber Hessen nahm schließlich Graf Josias I. ab 1578 zum Anlaß, um die innere Festigung des Landes mit allem Nachdruck voranzutreiben. Was die vorherige Generation der Grafen, den äußerst gebildeten Wolrad II. eingeschlossen, nur mit höchster Vorsicht betrieben hatte, gewann unter Josias I. durchaus scharfe Konturen. Jetzt

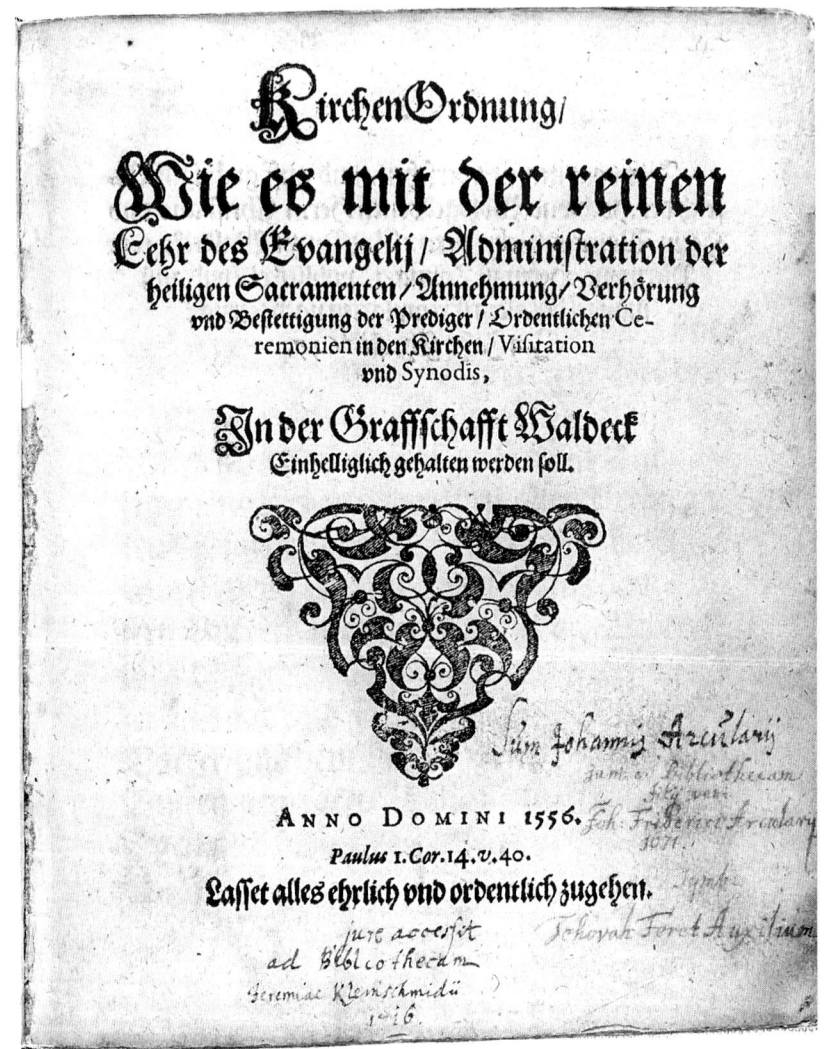

Titelblatt der Waldeckischen Kirchenordnung von 1556

stand die Durchsetzung der landesherrlichen Souveränitätsmerkmale an, die zuvor kaum eine Rolle gespielt hatten. Die unmittelbaren staatlichen Notwendigkeiten schienen auch auf eine geradezu überfällige Entwicklung zu drängen.

Burg Waldeck in der Darstellung des 16. Jahrhunderts

Während sich unter Josias' Vorgängern beispielsweise geordnete ständische Steuerzahlungen für das Reich immer nur unter großen Mühen erreichen ließen, gelang es ihm bereits zu Beginn seiner Regierungszeit im Jahre 1578, neue Akzente in der Zusammenarbeit mit den Ständen zu setzen. So konnte er sie für die Einrichtung einer eigenen Landesschule gewinnen, die in Korbach angesiedelt wurde. Auch das an die Schule geholte Lehrpersonal entsprach ganz den hohen Anforderungen, die sich das eindeutig führende Mitglied des Grafenhauses in allen seinen Vorhaben setzte. Denn sowohl Lazarus Schoner wie Hermann Crantz und der aus Bordeaux stammende Bernard Salignac verhießen der Landesschule dank der von ihnen vertretenen wissenschaftlichen Programmatik eine große Zukunft. Aber auch der Schultyp des Gymnasium Illustre nach Straßburger Vorbild entsprach ganz den Anforderungen der Zeit. Die großen Hoffnungen zerbrachen jedoch alsbald an den konfessionellen Dissonanzen zwischen einem Teil des Lehrpersonals und der gräflichen Aufsicht. Denn bereits 1586 verließen mehrere Präzeptoren das Gymnasium in Richtung Herborn, wo sie nunmehr an der eben neugegründeten, betont kalvinistischen nassauischen Hohen Landesschule Aufnahme fanden.

Damit hatten auch in Waldeck die konfessionellen Probleme Einzug gehalten, die sich seit den frühen 80er Jahren allenthalben innerhalb des deutschen Protestantismus ergaben. Wie die Kirchenpolitik Josias I. es zeigt, orientierte man sich in Waldeck durchweg an den Vorgaben des orthodoxen Luthertums, das im Konkordienbuch seine Richtschnur hatte. Doch die konfessionelle Problematik bildete für Josias I. nur ein politisches Aktionsfeld, um die Einheit des waldeckischen Landes zu stärken und es zugleich gegenüber Landgraf Wilhelm IV. von Hessen-Kassel als einem mehr oder weniger offenen Freund von kalvinistischen Prinzipien abzusetzen. Während sich andere Mitglieder des Grafenhauses zuzeiten noch in renaissancehafter Selbstdarstellung übten, legte Josias I. zwischen 1578 und seinem Tod 1588 mit allem Nachdruck Hand an die gesamten Grundlagen des waldeckischen Territoriums. Sowohl im Hinblick auf die Landesverwaltung wie das landesherrliche Kirchenwesen versuchte er eine Entwicklung einzuleiten, die ganz auf die Abkoppelung von Hessen und zugleich die Festigung eigenständiger Züge angelegt war. Hierzu rechnete vor allem auch eine neue Landesordnung, mit der er 1581 die längst überkommenen Festlegungen aus dem Jahre 1525 ablöste.

Das auf Einheit und ungetrübte Oberhoheit über das ganze Territorium abzielende Wirken des Grafen mußte auf längere Frist hin unweigerlich zu Konflikten mit den Städten und dem waldeckischen Adel führen. Insbesondere an der Reaktion Korbachs läßt sich ablesen, wie einschneidend die gezielte Territorialpolitik auf Adel und Städte gleichermaßen wirkte. Für juristische Kontroversen hatte Josias sich allerdings mit einer klugen Personalpolitik gewappnet, indem ihm zum einen hochqualifizierte Beamte zur Verfügung standen, die sich nicht mehr – wie zuvor noch – durch Loyalität gegenüber den hessischen Landgrafen auszeichneten. Vielmehr waren sie in der Lage, das moderne staatstheoretische Instrumentarium für die Durchsetzung der gräflichen Interessen anzuwenden. Zum anderen bediente Josias sich aber auch der Gutachtertätigkeit von angesehenen Juristenfakultäten wie der Helmstedter und der Ingolstädter, um auf beste Weise für Auseinandersetzungen mit allen Gegnern seiner Politik gerüstet zu sein.

Wie es allerdings schon das personelle Experiment mit der Korbacher Landesschule ausweist, hätte es einer erheblich längeren als nur einer zehnjährigen Regierungszeit bedurft, um Josias I. die ins Auge gefaßten Ziele zu ermöglichen. Nur mit einem langen Atem und großem Durchsetzungsvermögen ließen sich nämlich jene Rückstände an Staatlichkeit aufholen, wie sie die waldeckische Grafschaft im späten 16. Jahrhundert aufwies. Denn neben Korbach mußte auch immer noch Bedacht auf die hessische Landgrafschaft genommen werden, die auf alle Regungen der waldeckischen Politik mit einem feinen Sensorium reagierte. Gemessen an seinen Ansprüchen und Zielen hinterließ Josias I. bei seinem ebenso frühen wie unerwarteten Tod im Jahr 1588 deshalb eine Fülle ungelöster Probleme. Dies beweist freilich keineswegs das Scheitern seiner Politik. Vielmehr darf es als Beleg dafür gesehen werden, daß sich schwerlich innerhalb eines Jahrzehnts alle jene Fragen lösen ließen, die nun für die Einrichtung eines „modernen" Territorialstaats auf die politische Tagesordnung gesetzt werden mußten.

IV. Die Zeit der Krisen und Kriege: das staatliche Überleben mit territorialem Zugewinn (1588 – 1648)

Nach dem Tod Graf Josias I. war die forcierte Entwicklung zu einem eigenständigen, von den Einflüssen der hessischen Landgrafschaft abgekoppelten Territorialstaat erst einmal beendet. Sieht man einmal von der Landgräfin Barbara ab, die als Gemahlin des inzwischen verstorbenen Grafen Daniel in Wildungen regierte und dabei nicht nur in auffälliger Distanz zu ihrem Kasseler Bruder Wilhelm blieb, sondern auch die lokalen Besitzveränderungen unter staatliche Kontrolle zu bringen versuchte, so kehrte erst einmal das Mittelmaß im waldeckischen Hause ein. Der zuvor erhebliche Druck auf die Stände verminderte sich, die unter Josias I. auf den Weg gebrachten Reformen schliefen ein. Lediglich die Gefahr, wie sie beispielsweise zu Ende der 90er Jahre von spanischen Truppen ausging, oder aber die Einlagerung von fremdem Militär aktivierte die Landesherrschaft kurzfristig.

Erst im Vorfeld der Regierungsübernahme der beiden Söhne des Grafen Josias, Christian und Wolrad IV., setzte unmittelbar vor der Jahrhundertwende nach hessischem Vorbild eine Inventarisierung der Grafschaft ein. Auch der zwischenzeitlich latent gebliebene Konflikt mit dem hessischen Nachbarn lebte 1604 wieder auf. Als nämlich der

Philipp Nicolai, führender waldeckischer Theologe, von 1587–1596 Pfarrer
in Alt-Wildungen und Erzieher des Grafen Wilhelm Ernst

Matthias Martinius (1572–1630), geboren zu Freienhagen, ab 1597 Professor zu Herborn und seit 1610 Rektor der Hohen Schule (Universität) zu Bremen

prononciert lutherische Landgraf Ludwig IV. von Hessen-Marburg starb, startete sein Neffe, Moritz von Hessen-Kassel, mit einer territorial wie konfessionell überaus offensiven Politik mehr oder weniger offene Attacken auf die ganze gräfliche Nachbarschaft. Unter dem Eindruck dieser Politik begann man in Waldeck alsbald Sicherungsmaßnahmen einzuleiten. Dies geschah zuerst einmal in konfessioneller Hinsicht, denn im Juni 1607 wurde die lutherische Religion auf einem Landtag zur verbindlichen religiösen Grundlage für das ganze Land erklärt. Mit diesem höchst formellen Akt, der sich unübersehbar gegen Hessen-Kassel richtete, mußten künftige Auseinandersetzungen eine erheblich intensivierte, weil durch die konfessionelle Differenz verstärkte Wucht erhalten. Auch die verbindliche Ausbildung der waldeckischen Pfarrer und Beamten an der eben neugegründeten lutherischen Universität in Gießen machte deutlich, welchen Stellenwert die konfessionelle Frage in der jetzt schon absehbaren Auseinandersetzung mit dem Kasseler Landgrafen besitzen sollte.

Während die Territorialpolitik der beiden Grafen Christian und Wolrad ab 1607 nach der langen, dynastisch bedingten Ruhephase nur langsam in Gang kam, bewiesen die jungen, gut ausgebildeten Regenten in den Fragen der äußeren Rechtssicherung alsbald großen politischen Weitblick. Denn kaum nach der Krönung Kaiser Matthias' in Frankfurt ließen sie sich ihre Regalien bestätigen. Spätestens jetzt wurde deutlich, daß sie an die Vorgaben ihres Vaters anzuknüpfen gedachten und dabei jene Karte ausspielten, die sich bisher zumindest als das stärkste Bollwerk gegen die hessischen Begehrlichkeiten erwiesen hatte: das Heilige Römische Reich. Doch der Schutz des Reiches allein wurde inzwischen nicht mehr als hinreichend erachtet. So folgte alsbald ein Schritt, der sich wegen der ebenso unbedachten wie forschen Politik des Kasseler Landgrafen geradezu aufdrängte: der Beitritt Waldecks zum Wetterauer Grafenverein. Dieser Zusammenschluß von Grafen wurde zwar von den kalvinistischen Nassauern und Wittgensteinern beherrscht, doch hatte die Heirat Graf Christians mit einer Tochter Graf Johanns VII. von Nassau-Siegen längst dynastische Brücken geschlagen, die sich jetzt von großem politischen Nutzen erwiesen. Zwar blockierte Landgraf Moritz unter Hinweis auf die lehnsrechtlichen Bindungen Waldecks formell den Beitritt, doch sahen die Wetterauer Grafen die waldeckischen Vettern faktisch als beigetreten an. Über Johann VII. von Nassau-Siegen, der pikanterweise auch Schwiegervater des hessischen Landgrafen war, wurden bei Ausbruch der kriegerischen Handlungen schließlich auch die Niederlande in den Konflikt hineingezogen. Am vorläufigen Ende

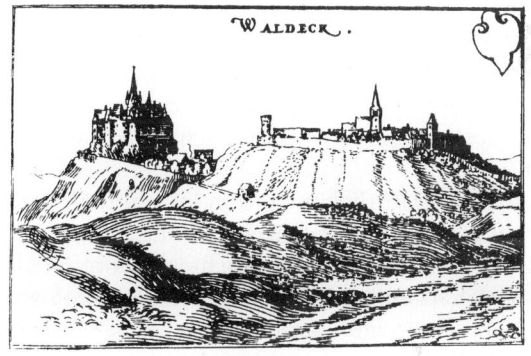

Waldeckische Städtebilder um 1605
nach Wilhelm Dilich

der Auseinandersetzungen, das zugleich mit dem Ende des „langen" Dreißigjährigen Krieges zusammenfiel, war es schließlich Schweden, das in die Geschicke des waldeckischen Landes eingreifen sollte. Keine Frage: mit dem Dreißigjährigen Krieg verlagerten sich die politischen Probleme der kleinen Grafschaft in ein Fahrwasser, das ganz von den großen europäischen Mächten bestimmt war.

Verglichen mit dem späteren Kreis an Beteiligten nimmt sich der Anlaß zum Ausbruch der Feindseligkeiten zwischen den beiden Grafen und den Ständen, insbesondere aber der Stadt Korbach, geradezu bagatellhaft aus. In Fortsetzung der Bemühungen Graf Josias I. um eine ungetrübte Oberhoheit über das ganze Land versuchten seine beiden Söhne nämlich seit 1610 neben dem Adel auch die Stadt Korbach in ihre Botmäßigkeit zu zwingen. Die größte und mächtigste Stadt im Lande, die sich zuvor schon nur schwer den gräflichen Interessen beugen wollte, wehrte sich jetzt heftig gegen die vorgebliche Verletzung ihrer Privilegien. Die Lage spitzte sich schließlich nach 1615 über der Frage zu, ob die Grafen von Waldeck die ausschließliche Gerichtshoheit in der Grafschaft besäßen. Ihren natürlichen Verbündeten sah die Stadt Korbach in dem hessischen Landgrafen, dessen ungeteilte Unterstützung sie auch nach der Festsetzung des gräflichen Richters Georg Niederwald hatte. Christian und Wolrad antworteten, indem sie den Fall vor das Reichskammergericht brachten und damit eine Institution des Heiligen Römischen Reiches in die Angelegenheit hineinzogen.

Mit diesem Schachzug schien die Auseinandersetzung aber nur nach außen hin einen gemächlichen Weg zu nehmen. Zwar verlagerten sich die Streitigkeiten erst einmal in einen Krieg der Juristen, deren Ausarbeitungen jetzt auch gedruckt wurden. Doch im Sommer 1620, unter dem Eindruck der sich zuspitzenden politischen Großwetterlage, verhärteten sich die Fronten derart, daß nun der Umschlag in militärische Aktionen unausweichlich wurde. Während sich von Seiten des Wetterauer Grafenvereins Hilfe für die Waldecker Grafen formierte, nutzte Landgraf Moritz die Gunst der Stunde und besetzte die gesamte Grafschaft. Nur zwei feste Plätze blieben ausgespart: die Burg Waldeck und das ebenfalls befestigte Arolsen. An den Absichten des Landgrafen bestanden keinerlei Zweifel, versuchte er doch unverkennbar die staatsrechtlich so problematische Situation Waldecks mit diesem militärischen Manöver auf einen Schlag zu lösen. Er wollte die Lehnsabhängigkeit des kleinen Nachbarn durch die unmittelbare Angliederung an Hessen-Kassel ablösen.

Kaum früher und nur einmal später in der Geschichte Waldecks – nämlich im Jahre 1866 – standen die Aussichten schlechter, daß die Grafschaft ihrer Eigenständigkeit verlustig gehen konnte. Angesichts der Umstände zeigten sich die beiden Grafen jedoch äußerst entschlossen, ihre und der Grafschaft Rechte zu sichern. In enger Abstimmung mit dem großen Militärtheoretiker Graf Johann VII. von Nassau-Siegen, der mit einem Trupp von Soldaten des Wetterauer Grafenvereins auf Burg Waldeck festsaß, mobilisierte Graf Wolrad IV. den niederländischen Generalstatthalter Moritz und die Generalstaaten, während Graf Christian sich um Unterstützung des Kaisers bemühte. Die auch bei zahlreichen protestantischen Reichsständen rasch dämmernde Erkenntnis, daß der inzwischen weithin schlecht beleumundete Landgraf sich im Windschatten des großen böhmischen Konflikts die kleine Grafschaft Waldeck einverleiben wollte, ließ auch sie in Kassel vorstellig werden. Nicht zuletzt von kaiserlicher Seite wuchs im Frühjahr 1621 der Druck auf den Landgrafen so stark, daß jetzt schon das Ende seiner militärischen Eskapade in das waldeckische Land absehbar wurde. Im

Wappen Graf Wolrads IV. und seiner Gemahlin Anna von Baden

Sommer zog Landgraf Moritz schließlich seine Soldaten widerwillig aus Waldeck ab. Die schriftlichen Interventionen von zahlreichen Seiten und die absehbaren Nachteile für den Landgrafen retteten erst einmal die Eigenständigkeit der Grafschaft.

Trotz des vergleichsweise raschen Endes der hessischen Militäraktion sollte das Trauma der hessischen Besetzung noch lange auf die waldeckische Politik nachwirken. Überdies war die Angelegenheit mit dem Abzug der hessischen Truppen nur auf militärischer Ebene beendet, denn die Auseinandersetzung verlagerte sich jetzt zuerst einmal wieder auf die rechtliche und zugleich politische Ebene. Sowohl über das Reichskammergericht, dessen Schnelligkeit freilich keine großen Hoffnungen erwecken konnte, wie auch über den Kaiser und den Reichshofrat bemühten sich die beiden Grafen nämlich jetzt um zweierlei: einerseits um die Lösung der Superioritätsfrage in ihrem Sinne, andererseits um einen angemessenen finanziellen Ersatz für die Schäden, die die hessische Soldateska während der Besetzung Waldecks angerichtet hatte. Der Kaiser und seine Behörden standen dabei voll und ganz auf Seiten der lutherischen Grafen, während der hessische Landgraf mit einer Abstrafung seiner abenteuerlichen Politik rechnen mußte. Nachdem sich die publizistischen Auseinandersetzungen um das waldeckisch-hessische Lehnsverhältnis in intensiver Weise fortsetzten, errangen die Grafen zwischenzeitlich mit der Unterwerfung Korbachs im Jahre 1624 schon einen ersten bemerkenswerten Erfolg. Zwar hatte der Herrschaftskonflikt sich zwischenzeitlich unter anderem auch auf die Adelsfamilie der Gaugreben zu Goddelsheim ausgeweitet, doch stellte Korbach mit seiner gut ausgebauten städtischen Verwaltung und einer beachtlichen wirtschaftlichen Macht unzweifelhaft den stärksten Konkurrenten zur Landesherrschaft dar. Mit dem Vertrag von 1624, der ausdrücklich einen gräflichen Kommissar für Korbach vorsah, war aber diese Konkurrenz ein für allemal ausgeschaltet. Die Grundsätzlichkeit, mit der der Konflikt ausgetragen worden war, zeigte seine ernsthaften Konsequenzen – und Korbach war zugleich das erste Opfer einer auf ungetrübte Souveränität setzenden Territorialpolitik.

Der Streit vor dem Reichshofrat um die finanzielle Entschädigung der Grafen und vor allem um die rechtliche Klärung der Oberhoheit zog sich freilich erheblich länger hin. Auf gräflicher Seite mit der Sache befaßt war der publizistisch gut ausgewiesene und politisch geschickte Kanzler Dr. Zacharias Viëtor. Er drang von Anfang an auf eine rasche

DEDVCTIO IN
CONTINENTI,

Aß die Herrn Gra-
ven zu Waldeck vhralte ohnmittelbare Reichs-
Graven tam in petitorio quam posses-
sorio jederzeit gewesen/vnd in allen Puncten
noch: Cum annexâ conclusione
Finali.

In Sachen Käyserl. Fiscalis
CONTRA
Die Herren Landtgraven zu Hessen/ vnd die
Herren Graven zu Waldeck/ 2c.

Prætensæ Exemptiónis, tam in puncto principali, quam
additionalium, &c.

ANNO 1619.

Deduktion der waldeckischen Grafen gegen Hessen-Kassel zur Vorlage vor
dem Reichskammergericht in Speyer

Lösung, wobei ihn seit 1626 der waldeckische Reichshofratsagent in Wien, Dr. Zacharias Fridenreich, mit allen zur Verfügung stehenden juristischen Mitteln unterstützte. Als von Wien aus 1628 der Vorschlag zu einer gütlichen Lösung der anstehenden Fragen erging, befolgte man zuerst einmal diese Anregung und traf sich alsbald im mainzischen Fritzlar zu bilateralen Verhandlungen. Schließlich erließ der Kaiser im Dezember 1630 doch noch das von waldeckischer Seite so sehnlich erhoffte Mandat, mit dem Hessen-Kassel zur Zahlung einer hohen Reparationssumme verpflichtet wurde. Unter dem Druck, den dieses Mandat bei Hessen-Kassel auslöste, wurden alsbald weitere Verhandlungen geführt, die schließlich auch 1632 im Kasseler Vergleich zu einem ersten Abschluß kamen. Neben dem Einwirken des kaiserlichen Mandats führte freilich auch die Anlehnung Hessens wie Waldecks an Schweden zu der unerwarteten Wendung der Dinge. Ein Treffen Graf Christians mit dem schwedischen König Gustav Adolph im Jahre 1631 sollte diese Entwicklung einleiten. Überdies besaß diese Zusammenkunft für die künftige waldeckische Politik eine Art Signalwirkung. Denn fortan wurde die nordische Macht zum wichtigsten politischen und militärischen Rückhalt der waldeckischen Grafen.

Die Unterstützung einer Großmacht brauchten die Grafen inzwischen auch dringend. Denn nach den schon erheblichen Verwüstungen während der ersten Kriegsphase war Waldeck auch künftig eines jener Territorien, die den Durchzügen und Einlagerungen stärksten Tribut zollen mußte. So wies Graf Christian 1630 auf die „arme entblöste Leuthe in Städt und Dörffern" hin, deren Besitz seit mehr als acht Jahren „mit beschwerlichen Durchzügen, Diensten und Einquartierungen unterschiedlicher Companien zu Roß und Fuß ausgemattet" worden seien. Die Bevölkerungsverluste waren durch unmittelbare Kriegseinwirkung wie auch Mitte der 30er Jahre durch eine Pestperiode beachtlich hoch. Manche Dörfer und Städte schienen nur noch in der Form eines „Steinhauffen" zu existieren, wie es ein gräflicher Beamter im Falle Korbachs zum Jahreswechsel 1642/43 vermerkte. Angesichts solcher Einschätzungen verwundert es nicht, daß die größte waldeckische Stadt seit Kriegsbeginn rund zwei Drittel ihrer Bewohner verlor. In vielen anderen Orten dürften sich die Verhältnisse kaum anders augenommen haben.

Betroffen vom Dreißigjährigen Krieg waren Untertanen und Grafenhaus gleichermaßen. Denn mit dem Tod Graf Christians setzten 1637 umfangreiche Berechnungen über den Schuldenstand der Grafschaft und dessen Verteilung auf die beiden Linien ein. Das einzige Prinzip, was seinerzeit noch Mut machte, war das der Hoffnung – Hoffnung auf die territorialen Zugewinne, wie sie entweder das waldeckische Gesamthaus oder aber die Eisenberger Linie zu gewärtigen hatte. Denn bereits 1639, ein Jahr vor dem Tod Wolrads IV., erbte die Eisenberger Linie die Grafschaft Cuylenburg, die auch sofort in Besitz genommen wurde. Die Anwartschaft auf Pyrmont, die rechtlich seit 1625 bestand, konnte aber nicht sofort in Wirklichkeit umgesetzt werden – das Recht hatte in den rauhen Zeiten des Krieges nur wenig Kraft und wurde auch in diesem Falle von politischen Interessen und militärischer Macht gleichermaßen an die Seite gedrückt. Ebenso wie Pyrmont erging es mit der kleinen Herrschaft Tonna in Thüringen. Auch sie konnte nicht wie erhofft bereits 1640 eingenommen werden. Vielmehr bedurfte es der schwedischen Unterstützung, um sie 1648 bzw. 1650 an Waldeck zu bringen.

Auch im Falle Pyrmonts wurde rasch deutlich, daß die Exklave nur mit tatkräftiger Unterstützung Schwedens als späterer Garantiemacht des Westfälischen Friedens zu sichern war. Ein ähnliches Ergebnis wie im Falle Pyrmonts zeichnete sich schließlich für die hessische Lehnsproblematik ab, deren Ausgang für die künftige waldeckische Eigenständigkeit geradezu existentielle Bedeutung besitzen mußte. Nach der neuerlichen Bestätigung des Kasseler Vergleiches im Jahre 1635 war es zwischenzeitlich nicht möglich gewesen, auch Hessen-Darmstadt in den bisher getroffenen Vergleich einzubinden. Doch im unmittelbaren Vorfeld der Westfälischen Verträge sah sich der politisch und militärisch erheblich geschwächte Landgraf Georg II. letztlich doch noch gezwungen, dem bereits 1632 geschlossenen Vergleich beizutreten. Dies ermöglichte kaum später die Aufnahme eines Passus in den Osnabrücker Friedensvertrag, daß die bisher getroffenen Abmachungen zwischen den beiden Landgrafschaften und der waldeckischen Grafschaft ebensoviel an Rechtskraft besitzen sollten wie der gesamte Westfälische Frieden.

Auch der Besitz der Grafschaft Pyrmont, die 1646 von Schweden für Waldeck zurückerobert wurde, fand schließlich ebenso Eingang in den Westfälischen Frieden wie die Sicherung der zuvor von Kurköln noch eingenommenen Freigrafschaft Düdinghausen und des Grundes Astinghausen. Sieht man einmal von dem Verlust des Dorfes Ehringen ab, das an Hessen-Kassel fiel, dann hatte Waldeck am Ende des langen Krieges wider jedes Erwarten alle territorialen Probleme zu seinen Gunsten lösen können. Daß Konkurrenten wie die in der letzten

Kriegsphase so erfolgreiche Landgrafschaft Hessen-Kassel nicht stärker gegen den kleinen Nachbarn zum Zuge kamen, unterstreicht den
großen Erfolg der waldeckischen Politik in der Endphase des Krieges.
Nicht zuletzt die internationale Garantie der territorialen Oberhoheit
über die Grafschaft durfte 1648 als ein Hoffnungsschimmer auf eine si-
cherere Zukunft angesehen werden.

V. Staatliche Konsolidierung und internationales Renommee: das Wirken Georg Friedrichs (1648 – 1692)

Den in jeder Hinsicht positiven Ausgang aller auf der Friedenskonfe-
renz behandelten territorialen Fragen verdankten die Grafen einem
zwar jungen, gleichwohl aber früh schon sehr versierten Mitglied des
Grafenhauses: Georg Friedrich, ein Sohn Wolrads IV. von Waldeck-Ei-
senberg, zeichnete zusammen mit dem Rat Dr. Heinrich Speirmann
dafür verantwortlich, daß der glückliche Ausgang des langen Krieges
geradezu wie ein Mirakel des Hauses Waldeck erscheinen mußte. Doch
mehr noch als im mirakulösen Ende schlug sich in in den Ergebnissen
des Friedens die staatsmänische Leistung Georg Friedrichs nieder, der
in der Endphase des Krieges alle Register seiner persönlichen Verbindungen zog, um das Überleben des Landes in herausgehobener Rechts-
qualität zu sichern.

Schon die ausgezeichnete Ausbildung Georg Friedrichs – unter anderem in Paris – befähigte ihn zum Agieren auf dem großen europäischen
Parkett. In der französischen Hauptstadt sollte er auch die Bekannt-
schaft des späteren schwedischen Königs Carl X. Gustaf machen, die
ihm bis 1660 von äußerstem Nutzen blieb. Aber auch der frühe Eintritt
Georg Friedrichs in die Militärdienste der Generalstaaten hatte ebenso
wie die Heirat mit einer Gräfin aus nassauischem Hause nur einen
Zweck: sich möglichst rasch der uneingeschränkten Unterstützung
durch das Haus Oranien und die aufsteigende Macht der Niederlande
zu versichern. Denn nur die Hilfe der großen Mächte, so das richtige
Kalkül des Waldeckers, konnte der Grafschaft das Überleben in den so
überaus bewegten Zeiten ermöglichen. Seit Anfang der 50er Jahre um-
warb der junge Waldecker auch noch den Kardinal Mazarin, wobei ihm
seine brandenburgischen Dienste dies erheblich erleichterten. Auch als
er 1658 in schwedische Dienste überwechselte, schien er auf dem besten Wege, einerseits seinen großen persönlichen Ehrgeiz auf dem

Epitaph Georg Friedrichs von Waldeck, des ersten waldeckischen Fürsten
(Ausschnitt)

großen europäischen Parkett verwirklichen zu können, andererseits und gleichzeitig aber seine territorialen Interessen zu befördern.

Zwar ließ sich in fremden Diensten nicht nur Geld, sondern auch politischer Einfluß gewinnen, doch vergaß Georg Friedrich darüber keineswegs, die unmittelbar in der Grafschaft wartenden, umfangreichen Probleme anzugehen. Zwar zeigten sich die ersten Ansätze des Wiederaufbauprogramms auf den verschiedensten Ebenen schon 1641. Doch erst nach dem Ende des Krieges gewannen sie unter der Ägide Georg Friedrichs ihren besonderen Zuschnitt. Denn bereits die 1650 für den Eisenberger Teil eingerichtete und 1654 auf das ganze Land ausgedehnte Landkanzlei mit dem Sitz in Korbach sollte fortan zur ordnenden Stelle für Justiz, Verwaltung und Außenpolitik gleichermaßen werden. An der Spitze der Landkanzlei stand bis 1675 als oberster Beamter und herausragender Berater Georg Friedrichs der Kanzler Dr. Johann Viëtor. Er setzte voll und ganz die Tradition seines Vaters Zacharias fort, der sich bei der Sicherung der waldeckischen Rechte gegenüber Hessen und Korbach gleichermaßen verdient gemacht hatte.

Sieht man einmal von der inzwischen gelösten Korbacher Frage ab, so galten die schon unter seinem Vater gültigen politischen Leitlinien für Johann Viëtor uneingeschränkt weiter fort. Neben der Sicherung des zahlreichen Streubesitzes, die insbesondere im Falle Cuylenburgs erhebliche Sorgen bereitete, war es jedoch auch dringend notwendig, das waldeckische Territorium an die Notwendigkeiten frühmoderner Staatlichkeit anzupassen. Zwar stand die Abbezahlung der Schulden erst einmal an oberster Stelle der Prioritätenliste, doch wurde jetzt der Blick auch wieder nach vorne gelenkt. Auf einem Landtag, der im September 1652 in Sachsenhausen stattfand, diskutierte man nicht nur die Einführung eines eigenen Landrechts, sondern auch die Hebung der wirtschaftlichen Verhältnisse in Verbindung mit weiteren, ordnenden Maßnahmen stand seinerzeit auf der Tagesordnung. Selbst wenn manches hiervon erst einmal nur Programm blieb, so waren Georg Friedrich und Johann Viëtor doch mit großem Nachdruck bestrebt, der schwer kriegsgeschädigten Grafschaft einen zeitgemäßen Zuschnitt zu verleihen. Insbesondere die Einführung eines eigenen waldeckischen Geldes, wie sie ebenfalls auf dem Sachsenhausener Landtag ins Auge gefaßt wurde, belegt die klare Zielsetzung der beiden führenden Männer: Das waldeckische Territorium, so klein es trotz der territorialen Zugewinne auch blieb, geriet zum zentralen Bezugspunkt einer ganz auf die Interessen Georg Friedrichs ausgerichteten Territorialpolitik.

Wappen der Herrschaft Tonna (Thüringen)

Wappen der Grafschaft Cuylenburg (südlich von Utrecht)

*Conrad Samuel Schurzfleisch, geboren zu Korbach, Direktor der
waldeckischen Landesschule und Professor zu Wittenberg
(zeitgenössischer Stich)*

Noch klarer wird der Wunsch nach territorialer Autarkie, als Georg
Friedrich und Johann Viëtor 1665 das waldeckische Bildungswesen so
zu verändern begannen, daß alle Pfarrer und Beamte künftig nach den
selbstgesetzten Normen der Landesherrschaft in der Grafschaft unmittelbar ausgebildet werden konnten. Die Korbacher Landesschule sollte

nämlich jetzt personell so ausgebaut werden, daß sie einen universitätsähnlichen Status gewann. An ihre Spitze rückte mit Conrad Samuel Schurzfleisch ein gebürtiger Waldecker, der dank seines Studiums an den lutherischen Universitäten Gießen und Wittenberg besonders hohe Erwartungen auf das Erblühen der Schule weckte. Doch mußte man die hochgesteckten Ziele alsbald aufgeben. Das Experiment scheiterte innerhalb von nur zwei Jahren vor allem an den finanziellen Möglichkeiten des Landes, darüber hinaus an der Beharrungskraft der territorialen Eliten. Mit dem fluchtartigen Wegzug des Rektors Schurzfleisch nach Leipzig und Wittenberg waren alle hochfliegenden Pläne keineswegs nur fürs Erste begraben. Denn zu keinem späteren Zeitpunkt sollten noch einmal solche weitreichenden Ziele mit der Korbacher Schule verbunden werden.

Doch kleinere Mißerfolge hielten Graf Georg Friedrich wie auch Viëtor nicht davon ab, das eingeleitete Reformprogramm nun auf andere, kaum weniger bedeutsame Gebiete zu verlagern. Anfang der 70er Jahre unternahmen sie sogar den außerordentlich ehrgeizigen Versuch, den Repräsentanten der Wildunger Linie, Graf Christian Ludwig, aus der politischen Führung des Landes herauszudrängen, ja letztlich ganz auszuschalten. Niemand anderes als der Wiener Reichshofrat und damit zugleich der Kaiser waren dazu ausersehen, bei diesem Unterfangen die rechtlichen Wege zu ebnen. Doch auch diesmal erwiesen sich die Ziele als zu weitgesteckt. Denn nicht nur Georg Friedrich hatte in Wien seine Förderer, sondern nicht minder Christian Ludwig, der 1674 zum Reichshofrat ernannt werden sollte. Als Johann Viëtor ein Jahr später starb, ließ auch Georg Friedrich von seinem zuvor noch heftigen Bemühen ab, die politische Führung des Landes künftig nur für die eigene Eisenberger Linie zu reservieren.

Trotz des Scheiterns eines Projekts, mit dem die Verfassungsordnung des Landes über das Heilige Römische Reich verändert werden sollte, befand sich Waldeck gleichwohl auf dem besten Wege, die durch den langen Krieg bewirkten und aufgestauten Probleme hinter sich zu lassen. Dies galt zumal für die Bereinigung der territorialen Fragen, die der Westfälische Frieden nur unzureichend gelöst hatte. Obwohl der waldeckische Territorialbesitz eigentlich für gesichert hätte gelten müssen, bedurfte es doch nach Kriegsende weiterer zweiseitiger Verträge mit den großen Nachbarn, um allen Unabwägbarkeiten aus dem Weg zu gehen. So kamen 1663 und 1664 mehrere Verträge mit Kurköln unter Dach und Fach, mit denen man die im Westen des Landes weiterhin schwelenden Probleme löste. Freilich nahm Georg Friedrich in Kauf, daß mit dem katholischen Kirchspiel Eppe ein konfessioneller Farbtupfer verblieb, der so gar nicht in sein sonstiges, auf Einheitlichkeit bedachtes politisches Konzept zu passen schien. Später, als die Ansiedlung hugenottischer Flüchtlinge anstand, fiel es ihm leichter, sie aus den genannten Gründen zu verhindern.

Vier Jahre nach der Klärung mit Kurköln bereinigte man 1668 die territorialen Probleme mit Paderborn. Zwar blieb mit dem Verzicht auf den Ort Lügde ein Stück bitteren Nachgeschmacks über die gefundene Lösung, dafür aber konnte Georg Friedrich den Rest der Grafschaft Pyrmont jetzt ohne jede Einschränkung sichern. Nicht zuletzt für die Finanzlage des Landes war dies außerordentlich wichtig. Auch im Hinblick auf eine andere, während des Krieges angefallene Außenbesitzung erfolgte nunmehr eine Klärung der Dinge. Nachdem sich die Herrschaft Tonna seit 1672 für Graf Christian Ludwig immer stärker als Belastung erwiesen hatte, entledigte er sich schließlich fünf Jahre später dieses unersprießlichen Außenbesitzes. Er unterband damit das Bemühen von sachsen-ernestinischer Seite, Waldeck in ein offenes Lehnsverhältnis hineinzuziehen. Überdies verminderte der Wildunger Graf durch den Verkauf Tonnas seine hohen Schulden.

Ein wichtiger Schritt zur Lösung der ja schon lange anstehenden Probleme mit dem mächtigen Nachbarn Hessen-Kassel gelang Georg Friedrich zu Anfang der 80er Jahre. Dank des guten Verhältnisses zu dem jungen Landgrafen Carl, der in dem inzwischen bereits weithin berühmten Waldecker sein großes politisches und militärisches Vorbild sah, gelang eine zumindest vorläufige Bereinigung der in der Nachkriegszeit neu aufgebrochenen hessischen Lehnsfrage. Sie erwies sich bereits als schweres und gefährliches Klotz am Bein der waldeckischen Politik, als Georg Friedrich sich 1658 mit ebensoviel Nachdruck wie Zähigkeit darum bemühte, dem ersten Rheinbund beizutreten. Doch sein Bestreben, die kleine Grafschaft damit in den Schutz eines großen Bündnisses unter der Führung des mächtigen französischen Königs zu bringen, scheiterte allerdings in der politischen Praxis am Einspruch Hessen-Kassels. Auch in der Folgezeit war Georg Friedrich immer wieder bemüht, die Fallstricke des hessischen Lehnsverhältnisse möglichst durchschneiden zu können. Erst Anfang der 80er Jahre zeichnete sich die Lösung eines Problems ab, das für den wichtigsten Interessenverwalter der waldeckischen Politik in der zweiten Hälfte des 17. Jahrhunderst bisweilen geradezu traumatische Züge annahm.

Unterschriften und Besiegelung des Pactum Primogeniturae 1685

Allein die Festlegungen des Westfälischen Friedens und die lange Reihe der Verträge mit den großen Nachbarn Waldecks unterstreichen, welche Verdienste Georg Friedrichs sich während und nach der schweren Zeit des Krieges erwarb. Ihm und seinem engsten Vertrauten, dem Kanzler Johann Viëtor, gelang es nämlich mit ebenso großer Zähigkeit wie Geschick, die waldeckische Politik in ein ruhigeres Fahrwasser zu führen. Die von Georg Friedrich verfolgten Ziele sollten sich freilich nach dem Tod seines einzig noch verbliebenen Sohnes (1678) zumindest in einer Hinsicht ändern: Nun konnte er die bisher mit allem Nachdruck verfolgte Politik der territorialen Konzentration nicht mehr auf die Eisenberger Linie konzentrieren, sondern begann den ungeliebten Nachfolger aus der Wildunger Linie hierauf einzuschwören. Nach zähem Ringen kam schließlich 1685 ein Primogeniturvertrag zustande, der künftigen dynastisch bedingten Teilungen einen Riegel vorschieben sollte. Mit dem sogenannten Pactum Primogeniturae, das auch die Zustimmung der waldeckischen Stände fand, wollte Georg Friedrich die staatliche Einheit des kleinen Landes über seinen Tod hinaus sichern. Denn nur so schien ihm die Abwendung der schlimmsten Gefahren aus der weiterhin tristen Finanzsituation möglich. Sicherlich hatte er selbst wie auch nahezu alle seiner Verwandten durch die Übernahme von militärischen Posten in fremden Diensten versucht, der Schulden einigermaßen Herr zu werden. Trotz aller persönlichen Anstrengungen blieben die Erfolge kaum größer als die des Sysiphus bei seinem Bemühen, einen schweren Stein auf die Bergeshöhe zu schaffen.

Auch wenn die finanziellen Erfolge aus der Übernahme fremder Dienste gering blieben, so waren sie gleichwohl für die gräfliche Politik nicht ohne Bedeutung. Der ehrgeizige Georg Friedrich machte von solchen Möglichkeiten am stärksten Gebrauch. Schon während seiner brandenburgischen Jahre zwischen 1651 und 1658 fiel er durch seine organisatorischen Qualitäten auf, indem er eine grundlegende Reorganisation der territorialen Verwaltung Brandenburgs durchführte. Erst mit ihr wurden die Voraussetzungen für den rasanten Aufstieg des Kurfürstentums geschaffen. Auch den außenpolitischen Kurs des Großen Kurfürsten bestimmte anfangs so gut wie ausschließlich der Waldecker. Auf dem großen europäischen Parkett bekannt wurde Georg Friedrich freilich erst, als er nach einer völligen politischen Kehrtwende zu Anfang der 70er Jahre den habsburgischen Kaiser unterstützte, dessen erbitterter Gegner er zuvor gewesen war. Das große Organisationstalent bewies nun, daß die Schwerfälligkeit der Reichsverfassung nicht so groß war, als daß sie nicht für den Kampf gegen das nach Osten offensive Frankreich Ludwigs XIV. hätte genutzt werden können. Die Verdienste, die er sich in dieser Hinsicht erwarb, trugen ihm und der Eisenberger Linie 1682 den Fürstentitel ein. Ein Jahr später war Georg Friedrich einer der großen Heerführer in der Schlacht gegen die Türken auf dem Kahlenberg vor Wien – und wiederum gehörte er bemerkenswerterweise zu den Gewinnern.

Auch die zwei Jahrzehnte, während deren er seit 1672 in niederländischen Diensten stand, sahen ihn auf der Gegenseite Ludwigs XIV. und dessen europäischen Hegemonialplänen. Als sein Förderer Wilhelm von Oranien 1688 die englische Krone übernahm, blieb der Waldecker als sein militärischer und politischer Vertrauter für ihn in den Niederlanden zurück. Weder Georg Friedrichs jüngerer Bruder Wolrad, der 1657 in brandenburgischen Militärdiensten verstarb, noch sein Neffe Heinrich Wolrad, der 1664 im Krieg gegen den Türken fiel, konnten auch nur annäherungsweise jenen Ruhm erwerben, den Georg Friedrich in den verschiedensten Dienststellungen und auf zahlreichen Schlachtfeldern an seine Fahnen heftete. Selbst sein innerwaldeckischer

Grabmal Georg Friedrichs in der Nicolaikirche zu Korbach.

Konkurrent Christian Ludwig, der es immerhin 1674 zum Reichshofrat und überdies zum kaiserlichen Generalfeldzeugmeister brachte, oder aber Josias II., der 1669 als braunschweigischer Heerführer in venezianischen Diensten auf der Insel Kreta fiel, können sich allenfalls in ihrem militärischen Ruhm mit Georg Friedrich messen. Durch seine Beteiligung an der Schlacht am Kahlenberg rechnete er für die Zeitgenossen zu den Rettern der Christenheit – hiergegen verblaßten sogar seine politischen Erfolge für das Reich und die Niederlande.

Zu keinem Zeitpunkt, das späte 19. Jahrhundert einmal ausgenommen, war der Name Waldecks so sehr in aller Munde als in der zweiten Hälfte des 17. Jahrhunderts. Der barocke Tatmensch Georg Friedrich verkörperte kaum weniger als etwa sein großer Gegenspieler Ludwig XIV. oder seine Freunde Wilhelm III. von Oranien und Kaiser Leopold I. das Ideal einer Zeit, die auf Monopolisierung der Macht und militärische Stärke Wert legte. Auch wenn Georg Friedrich die bauliche Repräsentation sehr viel eher im Zaume zu halten vermochte als etwa Ludwig XIV., so nötigte doch sein Aufstieg vom kleinen Reichsgrafen zu einer beachteten Figur auf dem großen europäischen Parkett auch seinen Gegnern allen Respekt ab.

VI. Zwischen höfischer Repräsentation und Gefährdung der Eigenständigkeit: der Kampf um die Vermeidung des Staatsbankrotts (1692 – 1814)

Mit dem Tod Georg Friedrichs im Spätherbst 1692 leitete Waldeck in eine gänzlich neue Phase seiner Entwicklung ein. Zuerst einmal ging mit der Grafschaft Cuylenburg ein weiterer territorialer Zugewinn aus der Zeit des Dreißigjährigen Krieges verloren. Doch noch mehr fiel jetzt ins Gewicht, daß die in den nahezu fünf Jahrzehnten zuvor verfolgten Maximen der von Georg Friedrich bestimmten Territorialpolitik sich jetzt in ihr Gegenteil verkehrten. Denn unter Graf Christian Ludwig, der Waldeck nach 1692 allein regieren sollte, geriet die Grafschaft alsbald in einen sich immer rascher drehenden Strudel von inneren Problemen und äußeren Gefährdungen.

Zuerst einmal konnte der wenig durchsetzungsfähige Landesherr dem ihm geradezu aufgezwungenen Primogeniturvertrag nicht einmal innerhalb der eigenen Familie zur vollen Geltung verhelfen. Gräfin

Plan des Arolser Schlosses

Johannette, deren Durchsetzungskraft geradezu bewundernswerte Züge besaß, rang ihrem Gemahl Christian Ludwig nämlich nach 1692 die Einrichtung einer apanagierten Seitenlinie ab. Sie sollte nach dem 1695 zustandegekommenen Vertrag in Bergheim am südöstlichen Zipfel des waldeckischen Landes ihren Sitz nehmen. Die neu begründete Herrschaft umfaßte zwar nur drei Dörfer. Dessen ungeachtet blieb die Bergheimer Seitenlinie zumindest bis zum Ende des 19. Jahrhunderts ein stetiger Faktor der inneren Unruhe und zudem der nicht geringen finanziellen Belastungen.

Unter der Patronage Gräfin Johannettes formierte sich zudem eine weitere, nicht geringe Gefahr, denn mit ihrer entschiedenen Förderung gewann der Pietismus in der Beamtenschaft eine beachtliche Zahl an Anhängern. Auf diese Weise begann die zuvor von Georg Friedrich so sorgsam gehütete konfessionelle Homogenität als unverzichtbare Grundlage für die innere Einheit des kleinen und fragilen Territoriums entschieden zu wanken. Zwar können im schulischen und caritativen Sektor durchaus positive Einflüsse des Pietismus auf den waldeckischen Staat vermerkt werden. Die Reibungsverluste innerhalb der traditionellen Eliten des Landes nahmen zu Beginn des 18. Jahrhunderts freilich ein solches Ausmaß an, daß Christian Ludwigs Nachfolger Friedrich Anton Ulrich alsbald nach Übernahme der Regentschaft dem Treiben der Pietisten ein Ende bereitete. Die Gefahr, daß der waldeckische Staat von innen ausgehöhlt werden konnte, war kaum noch zu übersehen.

Wie einschneidend sich die Verhältnisse unter der politischen Führung Christian Ludwigs ins Negative verkehrt hatten, läßt sich auch an neu auflebenden Auseinandersetzungen mit den Ständen erkennen. Signifikant für die Probleme, in die er das Land stürzte, war jedoch eine erste Kreisexekution, die 1706 gegen Waldeck durchgeführt wurde. Damit erlebte der Untertanenschutz vor militärischen Einlagerungen, der zu den zentralen Punkten des Herrschaftsethos von Georg Friedrich gezählt hatte, schon bald nach seinem Tode einen sehr einschneidenden Einbruch. Unter Christian Ludwigs Nachfolger Friedrich Anton Ulrich, dessen Regierungszeit von 1706 bis 1728 reichte, verstärkten sich die Krisenerscheinungen noch weiter. So ereignete sich 1715 die zweite Kreisexekution, weil wieder einmal die an das Heilige Römische Reich abzuführenden Steuern nicht rechtzeitig bezahlt worden waren. Schon 1723 schienen die Finanzverhältnisse dermaßen zerrüttet, daß die Stände ostentiv auf den Plan traten, um das Schlimmste für den gesamten Staat zu verhindern. Nachdem bereits im späten 16. Jahrhundert ein entsprechender Versuch gescheitert war, schritten die Stände schließlich 1728 zur Einrichtung eines eigenen Landsyndikus. Seine Aufgabe als unmittelbar kontrollierende zweite Staatsspitze sollte es sein, den Staatsbankrott und zugleich den Verlust der Eigenständigkeit Waldecks zu verhindern. Innerhalb von knapp mehr als einem Vierteljahrhundert hatten es die Erben Georg Friedrichs mit ihrer Politik so weit getrieben, daß ihnen die Führung der Staatsgeschäfte aus den Händen zu gleiten drohte.

Neben den Altschulden sorgte vor allem die rege, vielleicht sogar maßlose Bautätigkeit Friedrich Anton Ulrichs für die Finanzmisere, in die der Staat wie die Untertanen gleichermaßen gestürzt wurden. Dem fast verzweifelten Bemühen Friedrich Anton Ulrichs, in möglichst vielen Bereichen seiner politischen Tätigkeit an die Traditionen Georg Friedrichs anzuknüpfen, darf bei allen Fehlern jedoch zumindest in einem Punkte Erfolg bescheinigt werden: Nach zähen Verhandlungen gelang es ihm nämlich 1712, der Familie die erbliche Fürstentumswürde zu sichern. Doch das Bestreben, diese schließlich 1717 endgültig vollzogene Aufwertung des Hauses durch entsprechende Baulichkeiten nach außen hin zu dokumentieren, überforderte die Kräfte des bekanntermaßen überaus armen Landes. Von der Baupolitik des gefürsteten Grafen profitierte neben Altwildungen, wo Schloß Friedrichstein entstand, vornehmlich Arolsen. Hier baute Friedrich Anton Ulrich nicht nur ein Residenzschloß, sondern er versuchte sich mit der Privilegierung Arolsens im Jahre 1719 auch jene angemessene Umgebung zu schaffen, die die schöpferische Kraft des absolutistischen Fürsten dokumentieren sollte. Die Langlebigkeit der Bautätigkeit Friedrich Anton Ulrichs kontrastiert jedoch erkennbar mit der Kurzatmigkeit der waldeckischen Finanzen, die den Staat zu Ende der 20er Jahre des 18. Jahrhunderts in größte Verlegenheit stürzten.

So war es nur zu verständlich, daß Friedrich Anton Ulrichs Sohn Carl August Friedrich das Ruder der waldeckischen Politik mit der Übernahme seiner Regierung im Mai 1728 völlig herumwarf. Der von den Tugenden preußischer Sparsamkeit geprägte neue Regent versuchte sich nicht nur mit der von seinem Vorgänger verschmähten Geldschöpfung durch Militärdienste, sondern vermied zudem alle höfischen Extravaganzen, wie sie unter Friedrich Anton Ulrich ausgeufert schienen. Carl August Friedrich suchte zudem während seiner Beteiligung am Balkankrieg die Nähe zum kaiserlichen Hofe, die ihm – wie schon seinem Vorbild Georg Friedrich – auch für die territorialen Belange erheblichen Nutzen versprach. Zwar brach die militärische Karriere des Fürsten 1747 nach den Niederlagen als niederländischer Oberbefehlshaber im Österreichischen Erbfolgekrieg erst einmal ab, doch schien er seinerzeit auf dem besten Wege, die finanziellen Verhältnisse des Landes wieder in den Griff zu bekommen. Der Siebenjährige Krieg freilich machte allen Hoffnungen ein jähes Ende. Durch militärische Durchzüge und Einlagerungen, ebenso aber durch mehrere Mißernten in Folge stand Waldeck im Jahre 1760 wieder da, wo es sich schon am Ende des Dreißigjährigen Krieges befunden hatte.

Fürst Carl August Friedrich darf so als ein repräsentatives Beispiel für die Endlichkeit landesherrlichen Bemühens in Kleinstterritorien genannt werden. Denn zum Zeitpunkt seines Todes im Jahre 1763 wurde ihm allenthalben Lob für seine politischen und militärischen Unternehmungen zuteil. Seine gesamten Bemühungen um eine großzügige Absicherung der Politik durch das Kaiserhaus, wie sie insbesondere bei Schuldenmoratorien nützlich war, sowie die geglückte Disziplinierung von Ständen und Untertanen waren aber nicht hinreichend, um dem absolutistischen Zugriff auch einen uneingeschränkten Erfolg zu sichern. Zu groß erwiesen sich die Abhängigkeiten von der Natur und den militärischen Aktionen der Großmächte, als daß ein erfolgreiches Handeln nur nach den politischen Maximen des Territorialstaats möglich war.

Stärke des Regiments
nach der Convention

56

2. Staabs Officiers
3. Capitaines
2. Capit. Lieutenants
5. Ober-Lieutenants
1. Unter-Lieutenant
1. Fähndrichs
1. Quartier Meister
1. Adjudant
1. Feld-Prediger
1. Feldscheer
1. Auditeur oder Commissaire
5. Comp. Feldscheer
1. Tambour
2. Profos und Stockenknecht
2. Wagen-Knecht
15. Serviant
5. Solliciteurs
29. Unter Officiers. 15 Serg. 5 four. 5 Capit. d'armes. 1 Frey Corporal
30. Corporals
21. Spielleut
538. Gemeine
670. Zahl

2. Bombard.
12. Canoniers.

Aufstellung sämtlicher Dienstgrade des 3. Regiments Waldeck (1776),
das in Nordamerika kämpfte

So hinterließ Fürst Carl August Friedrich seinem Sohn kaum weniger Probleme, als er sie selbst 1728 vorgefunden hatte. Während der langen Regierungszeit Fürst Friedrichs, die immerhin bis 1812 reichte, sollte sich die finanzielle Lage des Landes weiterhin drastisch verschlechtern. Trotz aller gutgemeinter Reformprojekte, wie sie etwa im Schulwesen zu verzeichnen waren, erlebte Waldeck jetzt alle Untiefen, in die ein Kleinterritorium gestürzt werden konnte. Wieder einmal erwiesen sich die finanziellen Probleme als so übermächtig, daß die Höhe der Schulden alle aufklärerischen Regierungsmaximen so gut wie wertlos machte. Politische Kurzatmigkeit bestimmte die staatlichen Aktionen, an langfristige Perspektiven war angesichts der Schulden kaum zu denken.

Spätestens seit Beginn der 80er Jahre, als Verhandlungen mit Hannover wegen eines größeren Kredits scheiterten, wurde die Lage für den Fürsten und das Land kritisch. Um dem Staatsbankrott zuvorzukommen, blieben ihm schließlich nur noch zwei Möglichkeiten offen: Entweder verkaufte er Pyrmont, was absehbar fatale Folgen haben mußte, oder aber er trat einen Bittgang nach Kassel an, was kaum weniger einschneidende Konsequenzen verhieß. Die Entscheidung fiel 1784, als Friedrich bei dem großen und reichen Nachbarn eine Summe in Höhe von 1 Million Talern aufnahm. Angesichts der Lehnsproblematik, die immer nur interimistische Lösungen gefunden hatte und sich weiterhin unter besonderen Umständen politisch ausschlachten ließ, lag in diesem Kreditgeschäft langfristig ein hoher Sprengsatz. Denn in Kassel glaubte man jetzt nur etwas Geduld aufbringen zu müssen, um aus der Zahlungsunfähigkeit des waldeckischen Fürsten nachhaltigen Nutzen ziehen zu können. Was im Dreißigjährigen Krieg mit militärischen Mitteln gescheitert war, schien sich nun auf wenig martialische Weise verwirklichen zu lassen: der Übergang Waldecks an Hessen-Kassel und damit das Ende des Fürstentums.

Die ausweglos erscheinende Finanzsituation des Landes weckte jedoch nicht nur in Hessen Begehrlichkeiten, sondern auch in Berlin. Insbesondere die Anziehungskraft Pyrmonts als Modebad des 18. Jahrhunderts und die Einkünfte aus dem berühmten Pyrmonter Wasser schienen zugkräftig genug, um daraus Kapital zu schlagen. Angesichts des drohenden Verlustes der Pyrmonter Exklave unternahm man in der fürstlichen Verwaltung wie bei den Ständen gleichermaßen erhebliche Anstrengungen, um dem drohenden Staatsbankrott zu entgehen. Der Fürst trat kurzfristig in niederländische Militärdienste, ohne daß sich

Das Bad Pyrmont (hier Brunnenstraße) als Modebad des 18.Jahrhunderts

daraus die erhoffte finanzielle Wende ergab. Schließlich glaubte man in einer reichen Ehe des unverheiratet gebliebenen Fürsten einen unproblematischen Weg zu finden, um den Schulden Linderung zu verschaffen. Doch der kunstsinnige Landesherr verschloß sich den Wünschen, die vornehmlich von ständischer Seite an ihn herangetragen wurden.

Schließlich fand Friedrich nach der Jahrhundertwende keinen anderen Ausweg mehr, als von Reichsseite eine Schuldenkommission einsetzen zu lassen. Dieser Schritt verschaffte ihm erst einmal Luft und neuen Spielraum, ohne daß damit freilich eine endgültige Lösung gefunden war. Schließlich konnte aber auch zwei Jahre später der Verlust Pyrmonts abgewendet werden, da Prinz Georg in einem recht ungewöhnlichen Schritt die wertvolle Exklave von seinem älteren Bruder Friedrich abkaufte. In den Händen Georgs lagen inzwischen auch mehr oder weniger die Geschicke des gesamten Landes. Nach dem Ende des Alten Reiches im Jahre 1806 und dem gleichzeitigen Verlust der Eigenstaatlichkeit Hessen-Kassels gelang es Georg nämlich, den Anschluß Waldecks an den Rheinbund zu erreichen.

Auch wenn dieser 1807 vollzogene Schritt nur unter Verzicht auf überkommene finanzielle Forderungen aus Kriegsschäden und zugleich auch Gebietsansprüchen Waldecks auf die Grafschaft Rappoltstein im Elsaß möglich wurde, war doch zugleich die Weiterexistenz des Landes im bisherigen Status gesichert. Zwar blieb weiterhin eine Schulden-kommission unter der Ägide des Fürstprimas von Dalberg bestehen, doch ging von ihr keine weiterreichende Gefahr mehr aus. Als Fürst Friedrich 1812 kinderlos starb, folgte ihm Georg in der Regentschaft, so daß das waldeckische Kernland und Pyrmont jetzt wieder in einer Hand vereint waren.

Trotz eines schwachen Regenten gelang es dem kleinen und im politi-schen Windschatten liegenden Fürstentum mit Bravour, die für viele Staaten klippenreiche Epoche zwischen dem Jahrhundertbeginn und der napoleonischen Ära vergleichsweise unbeschadet zu überstehen. Während unter anderem die großen geistlichen Kurfürstentümer ebenso wie weltliche Territorien in den Zeiten der größten Unsicherheit ihre Selbständigkeit verloren, behielt Waldeck seinen Status als eigen-ständiger Staat bei. Lediglich in territorialer Hinsicht trat während der napoleonischen Ära ein geringfügiger Gebietsverlust ein. 1808 verlor man mit Düdinghausen und Astinghausen jene Gebiete an Hessen-Darmstadt, um die Georg Friedrich in den Jahren nach 1650 so sehr gekämpft hatte. Inzwischen handelte es sich freilich mehr um einen Akt der Klugheit denn der Prinzipientreue, zumal mit der Aufgabe des kleinen Besitzes eine territoriale Arrondierung verbunden war.

Im Staatsinneren blieb der Reformeifer während der napoleonischen Jahre freilich zumeist in den Anfängen stecken. Zwar zeigte sich Fürst Georg erkennbar um Änderungen bemüht, doch war es ihm nur maßvoll vergönnt, die von ihm als dringlich erkannten Reformen noch zu seinen Lebzeiten verwirklicht zu sehen. Als er bereits ein Jahr nach Übernahme der Regentschaft im September 1813 verstarb, folgte ihm sein erst 24jähriger Sohn Georg Heinrich in der Regierung des Landes nach. Er sah sich rasch vor wichtige Entscheidungen gestellt, denn mit dem Ende des Rheinbundes trat Waldeck noch im Spätherbst 1813 der Koalition bei, die die Gegner Napoleons geschlossen hatten. Selbst wenn dem Land mit dem Beitritt schwere finanzielle Bürden aufgela-stet wurden, war dieser abrupte Schwenk der waldeckischen Bündnis-politik durchaus notwendig: nur so ließ sich nämlich wieder einmal das Überleben des Landes sichern. Auch in innenpolitischer Hinsicht ließ Georg Heinrich keine Zeit verstreichen, um neue politische Ak-zente zu setzen. Bereits im Januar 1814 erließ er das Organisationsedikt und glaubte damit den Modernisierungsrückstand mit einem Schlage

Marktplatz (Nieder-) Wildungen um 1800

aufholen zu können. Zwar verfügte das Fürstentum jetzt über eine geschriebene Verfassung, doch erwies sie sich nicht als funktionsfähig. Auch wenn das ansonsten immer verspätete Territorium erstmals seit den Zeiten Georg Friedrichs eine Vorreiterrolle in Deutschland einzunehmen schien, so zeigten sich doch alsbald wieder die Grenzen staatlicher Aktionsfähigkeit. In dieser Hinsicht blieb sich das waldeckische Land über die Jahrhunderte hinweg treu.

VII. Innere Modernisierungsbestrebungen und äußere Neuorientierung: der Weg in die Arme Preußens (1814 – 1866)

Den durch jugendliche Eilfertigkeit genährten Erwartungen Georg Heinrichs, die alte und ungeschriebene landständische Verfassung mit einem Federstrich durch eine moderne, der Zeit und den staatlichen Notwendigkeiten angepaßte Verfassungsurkunde zu ersetzen, standen nämlich beachtliche Hürden im Wege. Zum einen erforderte das Verfassungsherkommen für einen solch einschneidenden Schritt, wie ihn der einseitige Erlaß des Organisationsediktes nun einmal bedeutete, die Zustimmung der Landstände. Diese war jedoch nicht zu erhalten, da mit der oktroyierten Verfassung die Interessen insbesondere des waldeckischen Adels schwer verletzt schienen. Aber auch von Seiten Graf Georgs von Waldeck-Bergheim, der nur wenig später eine herausragende Rolle bei den heftigen Auseinandersetzungen um die württembergischen Verfassung spielen sollte, ergab sich entschiedener Widerstand gegen die selbstherrlich erscheinende Verfassungspolitik Georg Heinrichs. In einem der ständischen Proteste fand sich das Organisationsedikt sogar als „Grab der Waldeckischen Konstitution" gebrandmarkt.

Wie schon zu Jahrhundertanfang bei der Einsetzung einer Schuldenkommission wurden die innerstaatlichen Probleme nunmehr wieder nach außen verlagert. Denn die um Intervention gebetenen Großmächte ebneten unter der Führung des Freiherrn von Stein schließlich den Weg zu einer neuen Verfassung. Der am 19. April 1816 unterzeichnete Landesvertrag vermied schon von seiner Begrifflichkeit her den Charakter obrigkeitlicher Einseitigkeit. Er beschwor überdies ausdrücklich den konsensualen Charakter des Zustandekommens, zumal auch festgehalten wurde, daß der Landesvertrag unmittelbar an

Fürstl. Waldeck. Regierungs-Blatt.

Nro. 10.

Dienstaas, den 7ten May 1816.

Nachstehende

Landständische Verfassungs-Urkunde

für das Fürstenthum Waldeck:

Von Gottes Gnaden Georg Heinrich,

souverainer Fürst zu Waldeck und zu Pyrmont, Graf zu Rappoltstein, Herrn zu Hohenack und Geroldseck am Waßigen ꝛc. ꝛc.

Der Artikel 13. der zu Wien am 8ten Junius vorigen Jahrs ab-
geschlossenen deutschen Bundes-Acte verordnet die Einführung einer
ständischen Verfassung in allen deutschen Bundes-Staaten. Obgleich
eine solche Verfassung schon von grauen Zeiten her, auch in Unserm
Lande bestanden hat, so hat sie doch in mehreren Hinsichten einer Ab-
änderung bedurft, und haben Wir Uns deshalb veranlaßt gesehen,
Unsere lieben und getreuen Landstände von Ritterschaft und Städten
durch Unsere Regierung zu einem allgemeinen Landtage auf den 28ten
März dieses Jahrs zusammen berufen zu lassen, und in Einverständniß
mit ihnen der bisherigen Landes- und Ständischen Verfassung fol-
gende nähere Einrichtung zu geben:

§. 1.

So viel die Einrichtung

I. der Landes-Verfassung betrift, so ist zur Erleichterung der Justiz
für nöthig erachtet worden,

   A. Unser Fürstenthum Waldeck in Fünf Ober-Justiz-Aemter
   einzutheilen, und zwar:

      1) in das Ober-Justizamt der Diemel, welches seinen Sitz
      in Stadt Rhoden haben und aus den ehemaligen Aem-
      tern Rhoden und Eilhausen, und den Dorffschaften
      Schmillinghausen, Herbsen und Hörle des ehemaligen
      Amts Arolsen bestehen soll.

§. 7.

Die Patrimonial - Gerichtsbarkeit bleibt der von Dalwigkschen Familie in dem Amte Lichtenfels, und den drey deputirten Städten Corbach, N. Wildungen und Mengeringhausen in erster Instanz, desgleichen die Schriftsäßigkeit der Ritterschaft und ihren Familien, weniger nicht den drey deputirten Städten, in sofern sie als corpora auftreten, oder belangt werden, vorbehalten.

II. Die Repräsentation Unserer Unterthanen anlangend, so wird solche

§. 11.

folgendermaßen bewerkstelligt werden:

A. durch die Besitzer bisheriger Landtagsfähiger Rittergüter, oder die Ritterschaft.

B.) durch die Städte, denen Arolsen unter den im Rezeß vom 19ten d. festgestellten Bestimmungen, beygezählt werden soll, oder den Bürgerstand.

C. durch Zehen Repräsentanten des Bauer - Standes, deren jedes Ober - Justizamt zwey zu stellen hat.

§. 42.

Bei dem Antritt eines neuen Regenten, werden die Stände zusammen berufen, und nach, von Demselben ausgestellten Reversalen zur Befolgung gegenwärtiger Constitution, zum Huldigungs - Eide zugelassen. Schließlich ist

§. 43.

Dieser Landes - Vertrag, worin, wie Wir hoffen, sich die Grundsätze einer allgemeinen Liberalität genugsam aussprechen, und von welchem weder Wir, noch Unsere Nachkommen in der Regierung, in irgend einem Punct, ohne Zustimmung Unserer getreuen Landstände abgehen wollen und sollen, von beyden Seiten gehörig vollzogen worden, und zu dessen öffentlicher Bekanntmachung Unsere Regierung beauftragt.

Arolsen den 19 April 1816.

Georg Heinrich.

Kreusler.

die älteren Verfassungstraditionen anknüpfen sollte. In der Präambel findet sich nämlich der Passus, daß „eine solche Verfassung", wie sie nunmehr niedergelegt worden sei, „schon von grauen Zeiten her" in Waldeck bestanden habe. Mit der „Landständischen Verfassungs-Urkunde" erfüllte Waldeck zugleich eine Forderung, die sich aus dem 1815 erfolgten Beitritt zum Deutschen Bund ergab: Das Land war nach Artikel 13 der Bundesakte verpflichtet, sich eine geschriebene, landständische Verfassung zu geben.

Der Landesvertrag legte zuerst einmal die Trennung von Justiz und Verwaltung fest. Neben den neugeschaffenen fünf Oberjustizämtern, die die bisherige, seit dem Mittelalter bestehende Ämterstruktur ablösten, behielten die drei Städte Korbach, Mengeringhausen und Niederwildungen ebenso ihre eigenen Gerichte wie mit dem Patrimonialgericht der Familie von Dalwigk eine ältere Institution weiter fortlebte. Aber auch die Bergheimer Seitenlinie sicherte sich ihr bisher schon bestehendes Gericht für die drei Dörfer Bergheim, Königshagen und Wellen. Neue Konturen erhielt hingegen der waldeckische Landtag, dessen Zusammensetzung sich seit seiner institutionellen Formierung im frühen 16. Jahrhundert nur marginal geändert hatte. Bestand er bisher nur aus geborenen Repräsentanten oder aber städtischen Amtsträgern, so trat jetzt ein neues Element hinzu. Denn der Bauernstand, im weithin agrarisch strukturierten Land die Masse der Bewohner, erhielt nun eine Repräsentanz von 10 Abgeordneten. Die Vertreter der Bauern wurden allerdings auf Lebenszeit gewählt, so daß die personelle Fluktuation in der Landesvertretung gering bleiben mußte. Wenn schon von den traditionellen Eliten des Landes Neuerungen in der jetzt schriftlich fixierten Verfassung erlaubt wurden, so blieben sie doch gleichwohl sehr begrenzt. Nichts schien ihnen nämlich nach den Zeiten der Unsicherheit mit und seit dem Ende des Alten Reiches und dem napoleonischen Zwischenspiel nützlicher, als die alten Vorrechte so weit wie möglich zu erhalten.

Die restaurative Periode, wie sie den ganzen Deutschen Bund in den Jahren nach 1815 erfaßte und kennzeichnete, hat in dessen Gliedstaat Waldeck einen besonders markanten Ausdruck gefunden. Nachdem das Fürstentum von dem schweren finanziellen Druck erst einmal befreit, überdies die Sicherung der Eigenständigkeit wieder einmal geglückt war, paßten sich sowohl der Fürst wie seine Beamten nun ganz dem Zug der Zeit an. Nicht mehr hektische Betriebsamkeit, wie sie unmittelbar nach der Regierungsübernahme Georg Heinrichs Platz gegriffen hatte, bestimmte nunmehr das politische Geschäft, sondern ganz und gar biedermeierliche Beschaulichkeit. Mehr als eineinhalb Jahrzehnte schien Waldeck in einen politischen Dämmerschlaf verfallen. Mit dem Einsetzen der Auswanderungen zu Ende der 20er Jahre wurden jedoch die ersten Sturmzeichen sichtbar, die sich durch die Rückwirkungen der revolutionären Ereignisse von 1830 in Frankreich und 1831 im benachbarten Kurfürstentum Hessen verdichteten. Die Furcht, daß vor allem die aufwühlenden Ereignisse in Hessen-Kassel auf Waldeck überschwappen könnten, sollte sich aber schließlich als unbegründet erweisen. Nur Korbach machte eine markante Ausnahme – die größte Stadt im Fürstentum zeigte sich seit langer Zeit endlich wieder einmal in einer Sonderrolle.

Als Wolrad Schumacher 1832 die Stelle des Landsyndikus übernahm, verstärkte er den Druck auf die höchst inflexible und jeden Neuerungen abgeneigte Regierung. Ein Forum der vormärzlichen Kritik an den Zuständen im Lande eröffnete schließlich die 1837 erstmals erschienene „Waldeckische Gemeinnützige Zeitschrift". In ihr verschaffte sich der allenthalben gegen die Beamtenschaft erhebende Unmut jetzt sogar in dichterischer Form Luft, bevor er im Frühjahr 1848 ganz unmittelbar zum Ausdruck kam. Die hier abgedruckte letzte Strophe eines Gedichtes von Heinrich Stieglitz läßt das Wetterleuchten erkennen, das jetzt schon den Blick auf die Ereignisse des Revolutionsjahres lenkt. Stieglitz spricht den Fürsten ganz unmittelbar an:

> Laß, o Heinrich, dich nicht blenden,
> durch der Hoheit eiteln Glanz,
> Unten in bescheidner Stille
> flicht die Demuth ihren Kranz;
> Blitze drohn den Felsenspitzen,
> Sicherheit gewährt das Thal:
> Die das Haupt am höchsten heben,
> trifft zuerst der Wetterstrahl.

Zusammen mit der immer stärker wachsenden Wut gegen die Unfähigkeit der hohen Beamten trugen – wie auch in anderen Teilen Deutschlands – gleich mehrere schlechte Erntejahre in Folge schließlich auch in Waldeck zum Aufkommen eine revolutionären Stimmung bei. Bewegt wurde das revolutionäre Schwungrad vor allem durch den Demokraten August Wirths, der die Stimmung durch eine rege Reisetätigkeit und die landesweite Verbreitung von Flugblättern anheizte.

Bekanntmachung.

In den letzten Tagen sind, wie in allen deutschen Staaten, so auch in unserm Lande viele Wünsche in Betreff der ganz Deutschland bewegenden großen und wichtigen Fragen und wegen Verbesserung der Einrichtungen und Gesetze unseres Landes ausgesprochen, und mir durch Deputationen mitgetheilt worden. Die von mir darauf ertheilten Verfügungen konnten für den Augenblick nur den Deputationen zugestellt werden; sie gehören aber sämmtlichen Unterthanen an, da Alle bei meinen Entschließungen betheiligt sind. Ich erkläre denselben daher hierdurch, daß ich Folgendes angeordnet, beschlossen und zugesichert habe:

1. Die Freiheit der Presse in meinen Fürstenthümern soll durch ein Gesetz ausgesprochen werden. Der schon vorliegende Gesetzentwurf soll, nach erfolgter Zustimmung der am 13. dieses Monats zusammentretenden Landständischen Deputation, in nächster Woche publicirt werden.

2. Wegen Vertretung des deutschen Volks bei dem Bundestage soll mein Bundestagsgesandter instruirt werden, den dahin gerichteten Anträgen für mich beizutreten.

3. Bürgerbewaffnung zur Aufrechterhaltung der öffentlichen Ruhe und Ordnung soll zugestanden, und wegen deren Organisation das Weitere angeordnet werden, wenn ich die Wünsche der Bürger darüber erfahren habe.

4. Zur Berathung einer Reform der Verfassung sind sämmtliche Landstände auf den 3. April d. J. einberufen. — Oeffentlichkeit der Ständischen Verhandlungen soll nach vorgängiger Zustimmung der Stände bewilligt werden.

5. Wegen Ablösbarkeit der Zehnten und Bannrechte und der Heuerabgaben, wegen Einführung eines gleichen Maßes und Gewichts und Abschaffung des Herings, wegen der Landesvermessung und Regulirung der Grundsteuerverhältnisse soll die Ausarbeitung von Gesetzentwürfen angeordnet, und darüber nach Erledigung der Angelegenheit wegen der Verfassungsreform mit den Ständen verhandelt werden.

6. Hinsichtlich noch mehrerer mir angedeuteter Bedürfnisse unseres Landes habe ich die feste Hoffnung ausgesprochen, daß denselben nach Erledigung der eine Reform der Verfassung betreffenden Angelegenheit auf befriedigende Weise werde abgeholfen werden, und meine Mitwirkung dazu zugesichert.

Meine geliebten Unterthanen werden sich hierdurch überzeugen, daß auch unserm Waldeckschen Vaterlande eine neue und bessere Zeit bevorsteht, und daß ich bereit und ernstlich entschlossen bin, dieselbe mit Aufrichtigkeit und Eifer baldigst herbeizuführen. Ich hege dagegen die zuversichtliche Hoffnung, daß meine geliebten Unterthanen ihrer Seits auch in dieser ernsten und bewegten Zeit ihre Liebe und Treue gegen mich und ihren minderjährigen Fürsten und ihren Sinn für Gesetzlichkeit und Ordnung bewähren, und sich stets von der Ueberzeugung leiten lassen werden, daß nur diejenigen Reformen und Einrichtungen, welche nicht blos für den Augenblick berechnet und die auf dem gesetzlichen Wege getroffen sind, das Wohl unseres Vaterlandes vollständig und dauernd begründen können.

Gottes Beistand wird unsern gemeinschaftlichen Bestrebungen nicht fehlen, wenn wir mit lauteren Absichten, entschiedenem Willen und besonnener Wahl der Mittel zu Werk gehn! Arolsen am 11. März 1848.

Emma.

vt. Neumann.

Bekanntmachung der Fürstin Emma vom 11. März 1848

Fürstin Emma, die bereits 1845 die Regierungsgeschäfte von ihrem verstorbenen Gemahl übernommen hatte, versuchte den immer lauter und dichter geäußerten politischen Forderungen durch eilig eingeleitete Reformmaßnahmen die Spitze zu nehmen. In einer gedruckten Bekanntmachung vom 11. März 1848 weckte sie die Hoffnung auf eine Änderung der Verhältnisse, die wie sie auch in zahlreichen Petitionen gefordert worden waren. Unter Hinweis auf diese Petitionen heißt es in der Bekanntmachung der Fürstin: „Hinsichtlich noch mehrerer mir angedeuteter Bedürfnisse unseres Landes habe ich die feste Hoffnung ausgesprochen, daß denselben nach Erledigung der eine Reform der Verfassung betreffenden Angelegenheiten auf eine befriedigende Weise werde abgeholfen werden, und meine Mitwirkung dazu zugesichert. Meine geliebten Untertanen werden sich hierdurch überzeugen, daß auch unserm Waldeckschen Vaterlande eine neue und bessere Zeit bevorsteht, und daß ich bereit und ernstlich entschlossen bin, dieselbe mit Aufrichtigkeit und Eifer baldigst herbeizuführen." Sie hege zugleich die Hoffnung, so Fürstin Emma, daß die Einwohner des Landes „in dieser ernsten und bewegten Zeit ... ihren Sinn für Gerechtigkeit und Ordnung" bewahrten.

Doch alle Bemühungen der Regentin, der Entwicklung zu steuern und sie im Rahmen der Verfassungsorgane – insbesondere auch des Landtags – zu halten, waren schließlich doch umsonst. Der Problemdruck hatte sich wieder einmal zu lange angestaut, Selbstgefälligkeit und Innovationsunlust der Beamten sowie die scheinbare Ausweglosigkeit der Situation hatten zu tiefe Spuren hinterlassen. Zwar nicht mehr im März, sondern erst Mitte April 1848 formierte sich in der traditionell unruhigen Gemeinde Goddelsheim ein großer Demonstrationszug, der sich am Westen Korbachs vorbei auf die Residenzstadt zubewegte. Als der Zug in Arolsen angekommen war, richtete sich die Volkswut allerdings nicht unmittelbar gegen das Fürstenhaus, das sich auch zuvor schon erheblich nachgiebiger gezeigt hatte als die höheren Beamten. So wurden denn auch gleich mehrere Beamtenwohnungen, darunter das Schreibersche Haus in der unmittelbaren Nähe des Arolser Residenzschlosses, am 14. April 1848 gestürmt.

Der „alle beseelende Geist nach Verbesserungen und Reformen", wie es in einer Petition der Stadt Korbach hieß, erhielt nach dem frühen Ende der „Waldeckischen Gemeinnützigen Zeitschrift" 1848 mit dem „Volksboten" ein neues Forum. Unter dem Eindruck der schon lange auf dem Tisch liegenden liberalen Forderungen und gefördert durch

Hohe Versammlung!

Bei uns ist nicht von rother Republik und Anarchie die Rede, wir lieben Ordnung und Gesetz und darum kann auch unser Land sich nie zu einem Herde der Revolution gestalten, mag auch das verächtliche Treiben von gar Lichtsinnige noch so sehr darauf hinzuarbeiten suchen.

Im Bewußtsein dieser unserer ächt deutschen Gesinnung und unseres redlichen Strebens für Macht und Einheit unseres deutschen Vaterlandes, im Gefühle unserer Liebe die wir als ein Theil des deutschen Volkes in uns tragen und in der festen Erwartung, daß auch unsere Stimme bei der Entscheidung über die Zukunft unsers Landes etwas gilt, verlangen wir, daß unser Waldeck als ein selbstständiges Glied des deutschen Bundesstaats anerkannt werde. Wir Alle, so denkt jeder von Selbstsucht freier, gesinnungstüchtiger Bewohner unseres Landes — wir Alle wollen redliche Deutsche sein, aber wollen auch Waldecker bleiben.

Alt Wildungen den 12ten November 1848

*Petition Altwidlunger Einwohner vom 12. November 1848
an die Nationalversammlung*

28

Titel II.
Von den Grundrechten des Volks.

§. 3.

Wer auf die vom Gesetz bezeichnete Weise das Recht des bleibenden Wohnsitzes innerhalb der Grenzen des Landes erworben hat, ist Staatsangehöriger.

§. 4.

Ein jeder Staatsangehörige ist zugleich Staatsbürger, wenn er die zur Theilnahme an der Volksvertretung verfassungsmäßig erforderlichen Eigenschaften besitzt.

§. 5.

Das Recht der Landesangehörigen zu Begründung eines Familienstandes mittelst einzugehender Ehe an dem Orte, wo ihnen das Heimathsrecht zusteht, ist von Staatswegen nicht beschränkt.

§. 6.

Vor dem Gesetze gilt kein Unterschied der Stände. Der Adel als Stand ist aufgehoben.

Alle Standesvorrechte sind abgeschafft.

Alle Staatsangehörige sind vor dem Gesetze gleich.

Alle Titel, in so weit sie nicht mit einem Amte verbunden sind, sind aufgehoben und dürfen nie wieder eingeführt werden.

Kein Staatsangehöriger darf von einem nichtdeutschen Staate einen Orden annehmen.

Die öffentlichen Aemter sind für alle Befähigten gleich zugänglich.

Die Wehrpflicht ist für Alle gleich; Stellvertretung bei derselben findet nicht statt.

§. 7.

Die Freiheit der Person ist unverletzlich.

Die Verhaftung einer Person soll, außer im Falle der Ergreifung auf frischer That, nur geschehen in Kraft eines richterlichen, mit Gründen versehenen Befehls. Dieser Befehl muß im Augenblick der Verhaftung, oder innerhalb der nächsten vier und zwanzig Stunden, dem Verhafteten zugestellt werden.

Die Polizeibehörde muß Jeden, den sie in Verwahrung genommen hat, im Laufe des folgenden Tages entweder frei lassen, oder der richterlichen Behörde übergeben.

Jeder Angeschuldigte soll gegen Stellung einer vom Gerichte zu bestimmenden Caution oder Bürgschaft der Haft entlassen werden, sofern nicht dringende Anzeigen eines schweren peinlichen Verbrechens gegen denselben vorliegen.

Verfassung für das Fürstentum Waldeck von 1849 mit den Grundrechten der Paulskirchenverfassung

Im Falle einer widerrechtlich verfügten oder verlängerten Gefangenschaft ist der Schuldige und nöthigenfalls der Staat dem Verletzten zur Genugthuung und Entschädigung verpflichtet.

Die für das Militair erforderlichen Modificationen dieser Bestimmungen bleiben einem besondern Gesetze vorbehalten.

§. 8.

Die Todesstrafe, ausgenommen wo das Kriegsrecht sie vorschreibt, so wie die Strafen des Prangers, der Brandmarkung und der körperlichen Züchtigung sind abgeschafft. An die Stelle dieser Strafen tritt Freiheitsstrafe.

Abbitte und Widerruf, so wie der Zwang zur Ehrenerklärung sind ebenfalls abgeschafft und soll Geld- oder verhältnißmäßige Freiheitsstrafe an deren Stelle treten.

Die Strafe des bürgerlichen Todes soll nicht stattfinden.

Die Strafe der Vermögenseinziehung soll nicht stattfinden. An die Stelle derselben tritt Geld- oder verhältnißmäßige Freiheitsstrafe.

§. 9.

Die Wohnung ist unverletzlich.

Eine Haussuchung ist nur zulässig:

1. in Kraft eines richterlichen, mit Gründen versehenen Befehls, welcher sofort oder innerhalb der nächsten vier und zwanzig Stunden dem Betheiligten zugestellt werden soll;

2. im Falle der Verfolgung auf frischer That durch den gesetzlich berechtigten Beamten;

3. in den Fällen und Formen, in welchen das Gesetz ausnahmsweise bestimmten Beamten auch ohne richterlichen Befehl dieselbe gestattet.

Die Haussuchung muß, wenn thunlich, mit Zuziehung von Hausgenossen geschehen.

Die Unverletzlichkeit der Wohnung ist kein Hinderniß der Verhaftung eines gerichtlich Verfolgten.

§. 10.

Die Beschlagnahme von Briefen und Papieren darf, außer bei einer Verhaftung oder Haussuchung, nur in Kraft eines richterlichen, mit Gründen versehenen, Befehls vorgenommen werden, welcher sofort oder innerhalb der nächsten vier und zwanzig Stunden dem Betheiligten zugestellt werden soll.

§. 11.

Das Briefgeheimniß ist gewährleistet.

Die bei strafgerichtlichen Untersuchungen und in Kriegsfällen nothwendigen Beschränkungen werden durch die Gesetzgebung festgestellt werden.

An die Staatsangehörigen

der Fürstenthümer

Waldeck und Pyrmont.

Die Regierung hat die offene und unumwundene Erklärung abgegeben:

daß sie die von der Reichs-Versammlung ausgegangene Verfassung

unbedingt anerkenne,

und daß sie der Ansicht sei, daß eine **etwaige Revision derselben nur in dem durch die Verfassung selbst an die Hand gegebenen Wege** vorgenommen werden könne. Die Regierung hat demzufolge auch die **Reichs-Verfassung** und das **Reichswahlgesetz** auf die am **18.** October vorigen Jahres — Seite **119** der Regierungsblätter — vorgeschriebene Weise publicirt. Dieselbe hat die Ueberzeugung, daß damit zugleich dem Verlangen der Staatsangehörigen Ausdruck verliehen worden sei. Bei jener offenen Erklärung und Verfahrungsweise konnte es nicht für nöthig gehalten werden, an die Nationalversammlung noch die besondere Erklärung zu richten, daß man die provisorische Centralgewalt als die einzig zu Recht bestehende executive Gewalt für die gemeinsamen deutschen Angelegenheiten erkenne und deren Anordnungen Folge geben werde.

Es ist zu hoffen, daß die Reichsverfassung bald das Gemeingut des ganzen deutschen Vaterlandes werden wird. Die zur Erreichung dieses hohen Ziels dienenden Beschlüsse sind von der Nationalversammlung zu fassen und es ist von der patriotischen Gesinnung des Volks zu erwarten, daß man diesen Beschlüssen überall mit Freudigkeit und Entschiedenheit entgegen kommen werde.

Das am heutigen Tage in Druck erschienene Gesetz über Errichtung einer Volkswehr giebt den Staatsangehörigen Gelegenheit, den Anforderungen, welche zur Durchführung der Reichsverfassung auf gesetzlichem Wege an sie gemacht werden, zu entsprechen und rechnet die Regierung darauf, daß alle diejenigen, welche das Gesetz in die Reihen der Volkswehr fordert, freudig und eingedenk ihres wichtigen Berufes folgen werden.

Die **Beeidigung des Militairs und der Civil-Beamten auf die Reichsverfassung** wird vorgenommen werden, sobald von der provisorischen Centralgewalt oder der verfassungsmäßigen Reichsregierung der Zeitpunkt und die Form vorgeschrieben ist. Bis dahin kann die Regierung nicht einseitig vorschreiten; sie hat die Ueberzeugung, daß auch **ohne eidliches Angelöbniß** jeder Staatsbürger seine Treue gegen die Verfassung bethätigen wird.

Die Regierung wird, im Einvernehmen mit den übrigen Staaten bleibend, sich an den Verhandlungen nicht betheiligen, welche in Folge der Erklärungen der Königlich Preußischen Regierung vom 28ten vorigen Monats in Berlin gepflogen werden sollen.

Die Regierung hat es für angemessen gehalten, ihr Verfahren in der deutschen Angelegenheit und ihre hier niedergelegten Ansichten zur Kenntniß der Staatsangehörigen zu bringen.

Arolsen, am 15. Mai 1849.

Fürstlich Waldeckische Regierung.

Gleisner. E. Bauer. H. Varnhagen. Winterberg. L. Severin.

den Marsch auf Arolsen kam denn auch im Mai 1849 eine neue Verfassung zustande, die sich in ihrem Grundrechtsteil weithin an das Vorbild der Paulskirchenverfassung anlehnte. In ihr findet sich auch erstmals formell die staatliche Einheit zwischen den beiden großen Landesteilen Waldeck und Pyrmont festgelegt. Auch in der Verwaltungsorganisation des Landes begann sich eine Neuordnung abzuzeichnen, die 1850 ihre Vollendung erfuhr. Mit der Einrichtung von drei Kreisen im waldeckischen Kernland (Eisenberg, Twiste, Eder) und einem zusätzlichen Pyrmonter Kreis paßte man sich 1850 den modernen Gegebenheiten an. Auch die Auflösung der 1815 noch verbliebenen patrimonialen Gerichtsbezirke Lichtenfels und Bergheim paßte in das Bild einer modernisierten Verwaltungsstruktur.

Das liberale „Staatsgrundgesetz" von 1849 hatte nur kurzen Bestand, es wurde bereits im August 1852 von einer neuen Verfassung abgelöst. Mit ihrem Inkrafttreten nahm auch der seinerzeit 18jährige Fürst Georg Victor die Regierungsgeschäfte auf. Der an der Universität Bonn ausgebildete Fürst verfolgte ebenso wie sein Mitstudent, der spätere 99-Tage Kaiser Friedrich von Preußen, ganz konstitutionelle Leitbilder, deren liberaler Grundtenor unverkennbar war. Entsprechend fiel auch der äußere Rahmen der neuen Verfassung von 1852 aus, die trotz erheblichen preußischen Drucks „zu den liberalsten in Deutschland" zählen sollte. So jedenfalls sah man es nicht nur in der Umgebung des Fürsten, der sich während seiner bemerkenswert langen Regierungsperiode ganz auffallend in den überkommenen Traditionen des Landes zu bewegen suchte. Als sich aber zu Ende der 50er Jahre eine heftige innere Auseinandersetzung zwischen Fürst und Ständen ergab, war dies ein deutliches Zeichen für das Wiederaufleben der sich mit einer Agrarkrise wieder einmal verschärfenden Schuldenproblematik.

Damit geriet auch unweigerlich die Frage nach der Selbständigkeit des Landes erneut ins Blickfeld. Von der politischen Krise, die den Deutschen Bund mit der zunehmenden Polarisierung zwischen Preußen und Österreich erschütterte, konnten gerade die kleinen Staaten nicht unberührt bleiben. Es sollte nicht mehr lange dauern, bis ihnen eine Entscheidung für den einen oder den anderen der Großmächte innerhalb des Deutschen Bundes abverlangt wurde. Auch diesmal war es allen Beteiligten klar, daß nur die richtige politische und militärische Option – nämlich jene für für die stärkere Seite – den Wunsch nach Selbständigkeit des Landes befriedigen konnte. Obwohl Waldeck mit dem Beitritt zum Zollverein bereits in den 30er Jahren den wirtschaftlichen

Notwendigkeiten nachgegeben hatte, blieben die alten, tief reichenden Bindungen zu Österreich und dem Hause Habsburg bis in das unmittelbare Vorfeld des deutschen Krieges lebendig. Als im Juni 1866 eine definitive Entscheidung darüber fallen mußte, ob man für Preußen oder aber Österreich optierte, gab letztlich Fürstin Helene den Ausschlag. Die gebürtige Nassauerin stellte bemerkenswerterweise die historischen Bindungen hinter die unmittelbaren politischen Interessen, die naturgemäß im Überleben des waldeckischen Staates bestanden. Mit der Option für Preußen hatte man auf die richtige Partei in der bevorstehenden militärischen Auseinandersetzung gesetzt.

Nach dem raschen Sieg der preußischen Waffen und dem faktischen Ende des Deutschen Bundes durfte man sich erst einmal in Waldeck wieder einigermaßen sicher fühlen. Zwar waren die größeren Mittelstaaten im unmittelbaren und mittelbaren Umfeld Waldecks allesamt von Preußen annektiert worden, doch das mindermächtige Land blieb von den Machtgelüsten der Großmacht erst einmal ausgespart. Sowohl die geringe Größe Waldecks wie der richtige politische Instinkt ihrer Führung ermöglichten neuerlich in einer höchst gefährlichen Situation das Überleben eines Staates, der nun schon seit Jahrhunderten auf so schwachen rechtlichen und finanziellen Fundamenten gebaut war, daß sein Ende zu jeder Zeit möglich schien. Der rasche Beitritt Waldecks zum Norddeutschen Bund fixierte aber auch 1866 wieder die Selbständigkeit eines Staates, dessen fundamentale Schwierigkeiten ungeachtet aller Überlebenskunst jedoch weiter verblieben. Denn bevor der Beitritt vollzogen werden konnte, verwiesen die Landstände auf die absehbaren Schwierigkeiten, eine ordentliche Zahlung der Bundesbeiträge zu gewährleisten.

Aber auch bei Fürst Georg Victor selbst war inzwischen der Gedanke gereift, nicht um alle und jede Bedingung auf der Selbständigkeit des Landes zu beharren – er schien des ständigen Überlebenskampfes überdrüssig. Erst eine geheime Mission seines Vertrauten Carl Wilhelm von Stockhausen nach Berlin führte dann doch zu einem erzwungenen Sinneswandel. So erklärte Bismarck dem waldeckischen Emissär unumwunden, daß Preußen künftig auf die Bundesratsstimme Waldecks, die es praktisch selbst zu führen beabsichtigte, nicht verzichten könne. Damit waren die Würfel für den Weiterbestand des waldeckischen Staates gefallen. Bei dem Fürsten wie dem Landtag gleichermaßen stellte man jetzt alle Bedenken hintan und folgte den politischen Eingebungen Preußens. Entgegen dem ersten Anschein stellte dieses Verfah-

*Selbstkarikatur Carl Waldecks, Maler
und konservater politischer Kommentator, als fürstlicher Forstrat*

ren jedoch ein Abgehen von allen bisherigen Usancen dar: Während die politischen Eliten des Landes bislang selbst mit Zähnen und Klauen um die Selbständigkeit des Landes gekämpft hatte, wurde sie ihnen jetzt von außen aufgedrängt. Allerdings verengten sich künftig auch die Freiräume Waldecks, das bisher immer noch den eigenen politischen Interessen hatte folgen können. Ab sofort sollte es überwiegend nur noch den Part einer Marionette Preußens spielen.

VIII. Im Spannungsfeld von preußischer Dominanz, fürstlichem Glanz und staatlichem Selbstbehauptungswillen : Waldeck im Norddeutschen Bund, im Kaiserreich und der Weimarer Republik (1867–1929)

Die rechtliche Grundlage für das Abhängigkeitsverhältnis von Preußen bildete der sogenannte Akzessionsvertrag. Er wurde am 18. Juli 1867 abgeschlossen und trat mit dem Jahresanfang 1868 in Kraft. Der Akzessionsvertrag legte zuerst einmal fest, daß die innere Verwaltung der beiden Fürstentümer Waldeck und Pyrmont an Preußen überging. Damit wurde ein Prozeß abgeschlossen, der bereits zu Anfang der 50er Jahre eingesetzt und sich seitdem immer stärker beschleunigt hatte. Ausgenommen von der Regelung blieb lediglich die kirchliche Verwaltung, das Konsistorium und das Stift Schaaken. Denn die kirchlichen Belange wurden weiterhin vom Fürsten ausgeübt – doch damit endeten schon seine Kompetenzen. Denn im Paragraphen 4 des Vertrages war ausdrücklich festgelegt, daß der König von Preußen ansonsten „die volle Staatsgewalt" in der Weise ausfülle, „wie sie dem Fürsten verfassungsmäßig zusteht". Damit fand die politische Dominanz Preußens ihren klaren Ausdruck, das Fürstentum Waldeck war vertraglich abgesichert eindeutig zum Satellitenstaat Preußens degradiert.

Nach außen hin erkennbar wurde diese abhängige Stellung durch die Einsetzung eines preußischen Landesdirektors, der seit Inkrafttreten des Akzessionsvertrags zu Jahresanfang 1868 in Arolsen seinen Sitz nahm. Diesem preußischen Beamten fiel die Aufgabe zu, die Verbindungen mit der Regierung in Berlin, insbesondere dem für Waldeck zuständigen preußischen Innenministerium, zu halten. Zwar blieben die bisherigen waldeckischen Verfassungsorgane wie der Landtag weiterhin bestehen, sie sanken aber zu Institutionen ohne jede weiterreichende Bedeutung ab. Denn die gänzliche finanzielle Abhängigkeit des

Landes von Preußen entleerte die bisherigen Funktionen der waldeckischen Staatsorgane, das Konsistorium einmal ausgenommen. Der zuerst einmal nur auf 10 Jahre abgeschlossene Akzessionsertrag wurde
formell zweimal verlängert, wobei die noch im Lande verbliebenen we-
nigen Rechte sich nun noch weiter eingeschränkt fanden. Bei Gelegenheit der zweiten Vertragsverlängerung, die wie schon die vorherige im
Preußischen Landtag auf erhebliche Schwierigkeiten stieß, änderte
man 1887 jedoch die Laufzeit des Vertrages ab: nunmehr galt er unbe-
fristet bis zur Kündigung von der einen oder anderen Seite.

Obwohl der Fürst formell Oberhaupt des waldeckischen Staates und
der kirchlichen Verwaltung verblieb, schien er ersten Blickes am stärksten von dem Akzessionsvertrag betroffen. Zwar war er einerseits mit
der preußischen Finanzhoheit erst einmal jener Sorgen ledig, die zuvor
ihn und die immer stark mit Schulden belasteten Kassen des Landes
massiv bedrängt hatten. Doch stand er jetzt so gut wie ohne jede größeren politischen Kompetenzen da, er war lediglich zu der Führung des
Titels „Souverän" von Preußens Gnaden berechtigt. Doch gerade unter
den neuen Bedingungen halbstaatlicher Existenz wurde das waldeckische Haus zur einheitsstiftenden Klammer in einem Territorium, das
durch die überaus lange und eigentlich stetige Bedrohung seiner Existenz eine besonders starke innere Bindung gewonnen hatte. Freilich
kam das monarchische Moment inzwischen nicht mehr ohne erkennbare Leistungsnachweise aus. Sie wurden vor allem auf sozialem und
karitativem Sektor erbracht. Neben dem leutseligen Fürsten gewann
nämlich auch Fürstin Helene seit Mitte der 50er Jahre durch den Auf-
bau eines modernen Kranken– und Armenwesens, das sich am Vorbild
ihrer nassauischen Heimat orientierte, rasch außerordentliche Popula-
rität. Ab Mitte der 90er Jahre setzte Fürstin Bathildis die Traditionen
ihrer Schwiegermutter mit unvermindertem Engagement fort.

In der Beförderung des Gesundheits– und Armenwesens lag eine der
unverkennbar nützlichkeitsstiftenden Funktionen des Fürstenhauses.
Eine andere findet sich im Glanz und in der Reputation, die die Heirat
mehrerer Prinzessinnen dem ganzen waldeckischen Land zutrug.
Schon die 1877 in Arolsen gefeierte Hochzeit Prinzessin Maries mit
dem künftigen württembergischen König Wilhelm II. gab dem Selbst-
wertgefühl des waldeckischen Landes neuen Auftrieb. Dieses sollte
sich noch steigern, als Prinzessin Emma im Januar 1879 den niederländischen König Wilhelm III. ehelichte. Auch diesmal fand das festliche
Ereignis in Arolsen statt – und neuerlich schien es so, als wenn das ge-

samte Europa seine Blicke auf die waldeckische Residenz richte. Es dauerte nur weitere drei Jahre, ehe Prinzessin Helene den jüngsten Sohn Queen Victorias, Leopold von Albany, in Windsor heiratete. Angesichts der Bedeutung, die dem monarchischen Moment seinerzeit noch uneingeschränkt zukam, gewannen die Einwohner des kleinen und fremdbeherrschten Landes angesichts der verwandtschaftlichen Verbindungen „ihres" Fürstenhauses mit den berühmten Familien auf Europas Thronen den Eindruck, als wenn zumindest ein Abglanz des dynastischen Erfolges auch auf sie falle.

Daß die monarchische Welt im späten 19. und frühen 20. Jahrhundert durchaus noch korrigierend in die staatsrechtlichen Verhältnisse eingreifen konnte, läßt sich daran ersehen, daß sowohl die englische wie die niederländische Krone zumindest eine Zeitlang ihre Berliner Gesandten ganz formell auch in Arolsen akkreditierten. Auf diese Weise sollte gut erkennbar mehr eine Familie als ein Land aufgewertet werden, dessen Merkmale der staatlichen Eigenständigkeit inzwischen auf ein Mindestmaß geschrumpft waren. Freilich überdeckte die Regentschaftszeit der ehemaligen waldeckischen Prinzessin Emma als Königin der Niederlande zwischen 1890 und 1898 manche Defizite in der waldeckischen Staatlichkeit. Daß der in dem Akzessionsvertrag festgelegte Mittelweg zwischen verbleibenden Souveränitätsmerkmalen und preußischer Abhängigkeit nicht allenthalben in seinen Konsequenzen verstanden wurde, kann daraus ersehen werden, daß sich bis in die Vereinigten Staaten bohrende Fragen nach der rechten Interpretation des staatsrechtlichen Verhältnisses zwischen Waldeck und Preußen erhoben. Merkwürdig genug: obgleich die deutsche Presse seit Abschluß des Akzessionsvertrages dem waldeckischen Staat bei jeder sich bietenden Gelegenheit das unmittelbar bevorstehende Ende prophezeite, stand er dank seiner Dynastie noch über das Jahrhundertende hinaus im Blickpunkt des deutschen wie europäischen Interesses. Denn 1905 bestieg in Coburg mit Carl Eduard von Albany ein Enkel des inzwischen verstorbenen Fürsten Georg Victor den Thron eines deutschen Kleinstaates.

Die unmittelbaren und späten Erfolge des waldeckischen Hauses, wie sie sich in den Heiraten der drei Prinzessinnen spiegeln, stellten allerdings nur die glänzende Seite der Entwicklung nach Abschluß des Akzessionsvertrages dar. Denn die Hoffnungen, die man schon seit den frühen 60er Jahren insbesondere in wirtschaftlicher Hinsicht auf eine engere Verbindung mit Preußen setzte, sollten sich erst einmal nur sehr

Königin Emma während der Regentschaftszeit der Niederlande (1890–1898)

9. Januar 1879.

Programm

zu

den lebenden Bildern.

Compositionen und Arrangements von Professor **Baur**.

A. Ouverture zu Egmont von Beethoven.

B. Tableaux:

I. Bild:

Wilhelm der Schweiger bei Leiden. 1574

II. Bild:

Moritz von Oranien

dankt Gott für den Sieg auf dem Schlachtfeld von Nieuport. 1600.

III. Bild:

Friedrich Heinrich von Oranien

empfängt bei der Einnahme der Stadt Herzogenbusch die Schlüssel derselben. 1629.

IV. Bild:

Wilhelm III.

lehnt die demüthigenden Friedensbedingungen England's und Frankreich's mit Entrüstung ab. 1672.

V. Bild:

König Wilhelm I.

giebt den Niederlanden die Constitution. 1815.

VI. Bild:

Kronprinz Wilhelm bei Waterloo. 1815.

VII. Bild:

Huldigung und Gruss.

EPILOG

von *Benno* von *Heynitz*.

Programm für die Hochzeit König Wilhelms III. von Oranien
und Prinzessin Emmas von Waldeck

begrenzt erfüllen. Mehr als die Wirtschaftsförderung machte sich nämlich das eng gezogene administrative Netz bemerkbar, das Preußen seit 1868 über das Land zog. Zwar galt dies weniger für die adligen Landesdirektoren an der Spitze der Verwaltung, doch ansonsten nutzte der preußische Staat jede sich bietende Gelegenheit, seine militärisch-disziplinierende Doktrin zur Geltung bringen. Insbesondere das seit Mitte des 19. Jahrhunderts stark aufblühende Vereinswesen wurde hiervon betroffen. Doch hat man darüber hinaus früh schon in Berlin keine Scheu getragen, die Presse durch Zahlungen auf den Preußen genehmen Weg zu bringen oder zu halten. Wurde vor 1868 im Lande über die Schläfrigkeit der waldeckischen Verwaltung geklagt, so fiel es jetzt recht schwer, die Effizienz der preußischen Beamten zu bewundern.

Auch wenn Waldeck bereits 1848 und dann wieder im deutsch-französischen Krieg von dem neu angefachten nationalen Pathos voll erfaßt wurde, blieben doch die überkommenen territorialen Traditionen weiterhin sehr lebendig. Gerade auch bei den Wahlen machte sich dies bemerkbar, denn aus dem waldeckischen Lande stammende Kandidaten besaßen traditionsgemäß größere Erfolgsaussichten. Zu ihnen gehörte beispielsweise der aus Mengeringhausen stammende Nationalliberale Friedrich Böttcher; eine der berühmten Ausnahmen bildete Friedrich Naumann, der in den Juniwahlen 1913 zum Abgeordneten Waldecks in den Reichstag gewählt wurde. Mit seiner Wahl schien sich in der Auseinandersetzung zwischen den beiden führenden politischen Grundströmungen des Landes auch längerfristig ein Sieg des Liberalismus über das ebenfalls starke konservativ-deutschnationale Grundmoment mit stark antisemitischen Zügen abzuzeichnen.

Ein Wahlergebnis wie jenes aus dem Jahr 1913 war nicht nur im Hinblick auf den künftigen Reichstagsabgeordneten, sondern auch wegen der seinerzeit immer noch dominierenden agrarische Grundstruktur des Landes von einigem Interesse. Über 5000 meist kleinere landwirtschaftliche Betriebe zählte Friedrich Naumann nämlich, als er unmittelbar nach seiner Wahl eine „Wirtschaftliche Landesbeschreibung der Fürstentümer Waldeck und Pyrmont" im Druck vorlegte. Der fleißig schreibende Pfarrer und Politiker sah seinerzeit jedoch durchaus Ansätze für eine stärkere Industrialisierung des Landes, wobei er dem nun auch Waldeck erreichenden Eisenbahnbau eine wichtige fördernde Rolle zuschrieb. Auch die abebbende Welle der zuvor starken Auswanderungsquote schien Naumann einen Hoffnungsschimmer für die inskünftig bessere Entwicklung des in vielfacher Hinsicht zurückgebliebe-

Friedrich Naumann, seit 1913 waldeckischer Reichstagsabgeordneter und Verfasser einer wirtschaftlichen Landeskunde

nen Landes. Zwar hatte auch die Kurstadt Wildungen – nicht zuletzt in baulicher Hinsicht – einen starken Aufschwung während der wilhelminischen Ära genommen, doch eine Verbesserung der wirtschaftlichen Situation im ganzen Land bedeutete dies noch nicht. Den wahrscheinlich auf lange Sicht hin wichtigsten Schritt für eine bessere Infrastruktur leitete dagegen der 1907 begonnene und 1914 abgeschlossene Bau der Edertalsperre ein. Dem umfangreichen Bauprojekt, dessen eigentlicher Zweck in der Regulierung des Wasserhaushalts von Fulda und Weser lag, fielen zwar mehrere Dörfer zum Opfer. Allerdings sollte der im Süden des Landes entstandene künstliche See später neben der ursprünglichen Bestimmung zu einem der weithin beliebten Anziehungspunkte des waldeckischen Landes werden. Die Edertalsperre sicherte Waldeck insbesondere nach dem Zweiten Weltkrieg seine neue Rolle als gut besuchtem Ferienland.

Die pompös inszenierte Inbetriebnahme von Wasserkraftwerk und Staudamm war für den August 1914 im Beisein Kaiser Wilhelms II. vorgesehen, doch vereitelte der inzwischen ausgebrochene Weltkrieg den Festakt. Während und nach dem Ende des Krieges hatte Waldeck ebenso wie das restliche Deutschland schwer unter dessen Folgen zu leiden. Doch mit dem November 1918 änderte sich auch die Staatsform des Landes: der seit 1893 regierende Fürst Friedrich mußte ebenso wie alle anderen deutschen Monarchen abdanken. Ein Schicksal, wie es den deutschen Kaiser mit dem niederländischen Exil ereilte, war für Friedrich jedoch undenkbar. Er blieb nämlich weiterhin sehr beliebt in einem Lande, das schon zuvor seine Identität eng mit der waldeckischen Dynastie verknüpfte. Zu diesem Maß an Beliebtheit des Hauses weit über den November 1918 hinaus trug auch bei, daß der Akt der Absetzung Fürst Friedrichs vom Kasseler Arbeiter– und Soldatenrat vorgenommen worden war. Dieses Eingreifen von außen – und zumal von Kassel, das seit den Mediatisierungsbemühungen im frühen 19. Jahrhundert neuerlich als Inbegriff der größten Gefahr für die waldeckische Selbständigkeit gegolten hatte -, gab der Absetzung des Fürsten im Lande selbst geradezu den Charakter des Verwerflichen.

Mit dem Ende der monarchischen Ära in Waldeck stellte sich auch die Frage des völligen Aufgehens in Preußen wieder neu. Als der Gesetzgebungsausschuß des Landtags am 4. Juni 1919 in einer Plenarsitzung den Antrag stellte, daß „mit dem Preußischen Ministerium des Innern vorläufig Fühlung über die Anschlußfrage" genommen werden sollte, schienen wieder einmal die Tage der waldeckischen Eigenständigkeit

Waldeckische Blätter.

Nachrichten
des Verbandes Waldeck=Pyrmonter Vereine.

Protektor: Seine Durchlaucht der regierende Fürst.

No. 15. **1. Dezember.** **1911.**

Herausgegeben vom Vorstande des Verbandes Waldeck=Pyrmonter Vereine.
— Gedruckt bei Hagemeyer & Bathe, Crefeld, Kronprinzenstraße 75. —

Die diesjährige satzungsgemäße Tagung des B. W. P. B. wurde am 12. November im Kaisersaal zu Velbert abgehalten. Vertreten waren 30 Verbandsvereine durch 50 Delegierte. Vom Verbandsvorstand fehlte Herr Steinrück=Düsseldorf krankheitshalber und Herr Jäger=Essen, der in die waldeckische Heimat zurückgekehrt ist. — Der Vorsitzende eröffnete gegen ¼ 11 Uhr die Verhandlungen mit Begrüßungsworten, die in einem Hoch auf den Protektor des Verbandes, Seine Durchlaucht den Fürsten Friedrich, ausklangen. —

I. Der Jahresbericht.

Der Vorsitzende gedachte zunächst der an den Pfingsttagen unternommenen Heimatfahrt, die wohl gelungen sei und ein bleibendes Erinnerungsblatt in der Verbandsgeschichte bilden werde. Was noch unvollkommen daran gewesen sei, das wisse man nun ja und könne es das nächste Mal besser machen. Am schwierigsten habe sich die Geldfrage gestaltet, und darin liege für uns die Lehre, in Zukunft ohne sichere finanzielle Grundlage eine solche Fahrt nicht wieder zu unternehmen.

Bezüglich des Ferienaufenthaltes von Kindern der Verbandsmitglieder in Mengeringhausen teilte der Vorsitzende mit, daß in diesem Jahre wenig Anmeldungen beim Vorstande eingegangen seien. Er bat, die schöne Einrichtung doch rege zu benutzen.

An diesen Punkt knüpfte sich eine kurze Besprechung, in deren Verlaufe auf einige Mängel hingewiesen wurde, die dieser Einrichtung noch anhaften. Man wird bemüht sein, sie im nächsten Jahre zu beseitigen. Die Herren Göbel=Düsseldorf und Gocke=Kassel werden gewählt, um den Vorstand in dieser Angelegenheit zu unterstützen.

II. Kassenbericht.

Rechnungs=Abschluß
für das Geschäftsjahr vom
1. Oktober 1910 bis 30. September 1911.

1. Verbandskasse.

a) Einnahmen:	Mk.
Bestand nach der vorigen Rechnung . .	187,79
Mitglieder=Beträge	593,40
Zinsen	4,40
Sa.	785,59

b) Ausgaben:	
Reisekosten, Porto, Vereinsschrank usw. . .	369,97
Bücher, Drucksachen usw.	75,23
Sa.	445,20

Die Rechnung schließt ab:

in Einnahme mit	785,59
in Ausgabe mit	445,20
mithin Bestand	340,39

Hiervon sind bei der städtischen Sparkasse

Langenberg auf Buch Nr. 11809 .	116,59
ferner bei der städtischen Sparkasse	
Dortmund auf Buch Nr. 67198 .	223,80
wie oben . . . . . Sa.	340,39

2. Unterstützungskasse.

a) Einnahmen:	Mk.
Bestand nach der vorigen Rechnung . .	15 767,57
Zinsen	525,07
Mitglieder=Beiträge	5 176,20
Sa.	21 468,84

Uebersicht über die Entwickelung des Verbandes und der Unterstützungskasse im Jahre 1910/11.

Lfd. Nr.	Namen der Vereine	Mitglied. des Verbandes	Mitglied. der U.-K.			Zu-bezw. Ab im J. 1910	Vorsitzender	Schriftführer	Kassierer	Versammlungs-lokal.	Versammlungstag.
			männl.	weibl.	Su.						
1	Aplerbeck	26	26	15	41	0	Ludw. Lindner, Sölbe-Brakelerstr.1	Chr. Hoffmann, Berghofen	Karl Brühne, Chausseestr. 63	Gastwsch.Wiethaus, Königstr. 35	1. Sonntag im Monat
2	Barmen	223	223	191	414	+13	Chr. Tummel, Altermarkt 16	Wilh. Baumann, Hohensteinerstr.61c	H. Busch, Bartholomäusstr.30	Geselligkeit, Karlstr. 22—24	
3	Bochum	15	15	9	24	0	Georg Figge, Roonstr. 29	Wilh. Nübel, Marienstr. 40	Karl Tepel, Gastroperstr. 74	Rest. Benner, Wiemelhauserstr.	3. Sonntag im Monat.
4	Crefeld	21	21	21	42	+18	Th Meier, Telegraphenbir.	Chr. Bathe, Luisenstr. 19	Chr Figge, Florastr. 71	Rest. „Scharfe Ecke" Westwall.	2. u. 4. Donnerstag i. Mon.
5	Dortmund	19	19	10	29	+1	C Jäger, Ardeystr. 13	Reinh. Jäger, Leipzigerstr.	R. Löwie, Märkische Str. 80	Rest. Meißner, Märkische Str.	Unbestimmt.
6	Düsseldorf	49	49	—	49	+1	Wilh. Göbel, OberbilkerAllee 2	Heinr. Schreiber, Remscheiderstr. 3	Fritz Reuter, Schadowstr. 24	Cafe Cornelius, Königsallee 18.	1. Sonnabend im Monat.
7	Duisburg	29	29	16	45	+2	Chr. Spratte, Butterweg 17	W Thomas, Tellstr. 18	H. Thomas, Friedr. Wilhelmstr.	Prinz Eitel Friedr., Friedr. Wilhelmstr.	2. Sonntag im Monat.
8	Elberfeld	215	215	146	361	+7	Hrch. Kramer, Oberstr. 5	L. Linneweber, Platenimstr. 10	H. Schellberg, Karlstr. 5	Rest. Chr. Schmidt, Bachstr. 67.	Letzter Sonntag im Monat.
9	Essen	53	53	19	72	—13	Wilh. Rühmen, F.-W.-Heisterstr.31	Rob. Conrad, Hermannstr. 57	W.Witte,G.-Müllerstr.80	Gesellschaften, Rellinghauserstr.	1. Sonntag im Monat
10	Gesell. Waldeck Pyrm. Essen	7	7	4	11	—2	Hrch. Tent, Theodorstr. 1		Karl Kesting, Kastanienallee	Hotel-Restaurant Alt-Heidelberg	3. Sonnabend im Monat.
11	Frankfurt a. M.	58	58	4	62	+5	H. Köhler, Schleusenstr. 18	H. Zillian, Gerbermühlstr.2	C. Momberg, Gutleutstr. 151	Walbecker Hof, Gutleutstr. 125.	1. Mittwoch im Monat.
12	Gevelsberg	48	48	31	79	+3	Fritz Bick, Mittelstr. 71	Fritz Rauch, Hochstr. 11	Fritz Zölger, Hammerstr.	Rest. Bufert, Haßlinghauserstr.	3. Sonntag im Monat.
13	Gelsenkirchen	14	14	5	19	+8	W Gottmann, Gabelsbergerstr.3	C.Butterweck,Rott-hauf.Steinfurtstr.11	W. Kruhöfer, Gelsenkirchen II	Rest. Pfaff, König Wilhelmstr.	2. Sonntag im Monat.
14	Hagen	109	109	70	179	—1	Chr. Dietz, Potthofstr. 8	Chr. Degenthof, Adolfstr. 5	W. Kloke, Kirchstr. 13	Rest. Sonnemann, Neumarkt.	2. Sonntag im Monat.
15	Hannover	23	23	—	23	—2	H. Ballbracht, Schlachthausw.2	Fr Gottmann, Arndtstr. 71e	E. Rube, Lawesstr. 81	Casino Rest., Artilleriestr.	1. Mittwoch im Monat.
16	Herdecke	21	21	19	40	—7	H Meyer, Bachstr. 4	F. Schwellenberg, Augustastr. 12	L Bender, Bachstr. 24	Rest Busch, Kampstr.	Letzter Sonntag im Monat.
17	Herne	11	11	10	21	0					
18	Hoerde	18	18	8	26	+2	Georg Traut, Augustastr. 7	Fritz Uhlenbrock, Weißenburgerstr. 13	Wilh. Hollenstein	Rest. Fr. Röder, Rathausstr	1. Sonntag im Monat.
19	Iserlohn	28	28	15	43	+3	Fr. Rosenberg, Karnacksweg 39	Hrch. Hegel, Obtstr. 32	Th. Vehle, Baarstr. 30	Zum gold Stern, Wilh. Leisgen	2. Sonntag im Monat.
20	Kassel	56	56	41	97	neu	Karl Goße, Hentgestr. 7	Fritz Baden, Kirchweg 50	Aug. Köcher, Kohlenfzung 9.	Rest. O. Leinecke, Wilhelmstr. 29	1. Sonnabend im Monat.
21	Köln	35	35	20	55	neu	K. Thiele,C.-Nippes	W. Schaller, Hochladenstr.	H Rauschenberg, Salierring	Colonia-Haus, Aachenerstr. 5.	1. Dienstag im Monat.
22	Langenberg	29	29	9	38	—2	Joh. Erbe, Hauptstr 34	Chr. Fissfeld, Hauptstr. 132	Fr. Figge, Hattingerstr. 6	Rest Figge, Hellestr.	2. Sonntag im Monat.
23	Langenbreer	23	23	17	40	0	W Kleinschmidt, Stephanstr. 11	Ed. Andreion, Bismarckstr. 5	St. Luhnhenn, Oberstr. 45.	Rest. Hohenhoff, Hauptstr.	2. Sonntag im Monat.
24	Vennep	27	27	23	50	—2	Fritz Vehle, Kölnerstr.	Wilh. Schäfer, Klostergasse 8	Fritz Uhlenbrock, Schlachthofstr.	Zum berg. Haus,	1. Sonntag im Monat.
25	Milspe	43	43	36	79	+7	Fr. Paulus, Gaststr.	Fr. Walsmach, Berninghauserstr. 37	Ph. Wetelam, Südstr.	Gasthof Dornen	3. Sonntag im Monat.
26	Mülheim Ruhr	3	3	3	6	0	Ed. Meyer, Weißenburgerstr.17	J. Rosewick,			
27	Neheim	25	25	10	35	—10	Fr Gottschalk jr. Engelbertstr. 7	Fr. Gottschalk, Engelbertstr. 7.	Karl Steuber, Engelbertstr. 14	Zum Reichsadler	2. Sonntag im Monat.
28	Remscheid	58	58	9	67	+3	Hrch. Ende, R.Bieringhaus.	Heinr. Schande, Pastrowstr. 17	Wilh. Fürseler, Mirkestr. 1	Rest. Engelbert, Allenstr.	2. Sonntag im Monat.
29	Ronsdorf	21	21	10	31	—5	Fr. Jakobi, Morschaustr. 17	H. Rest, Staßkopfstr. 16	Fr. Figge, Tatpernenstr. 78	Deutsches Haus, Lüttringhauserstr.	3. Samstag im Monat.
30	Schwelm	53	53	34	87	+3	Thom. Münch, Hattingerstr.	H Sagel, Gaststr. 5	Ph. Rischard, Gartenstr.	Rest. Reuter, Oststr.	2. Sonntag im Monat.
31	Solingen	28	28	23	51	—4	W. Vehle, Kaßtinostr. 9.	H Vehle, Baumstr. 17	St Kuntemund, Grünebaumstr. 64	Rest. Müller, Kaiserstr.	1. Sonntag im Monat.
32	Velbert	31	31	27	58	+18	H Schaafe, Friedrichstr. 100	G. Thienemann, Langenbergstr. 155a	Chr. Göbel, Lange Nr. 3	H. Kaufmann, Schlagbaum	2. Sonntag im Monat.
33	Witten	32	32	27	59	—2	Fr. Frese, Oberstr. 62	Wilh. Kann, Bachstr. 70	Wilh. Nolle, Röhrchenstr. 50	Stadt Witten, Hauptstr.	Letzter Sonntag im Monat.
	Am 1. Okt. 1911	1451	1451	882	2333	+71					
	Am 1 Okt. 1910	1350	1350	808	2158	48					
	Zuwachs	101	101	74	175	+23					

Der Vorstand des Verbandes Waldeck-Pyrmonter-Vereine.

J. A.: E. Meyer, Verbandsvorsitzender.   Chr. Spratte, Verbandsschriftführer.

Bekanntmachung

Der Fürst von Waldeck und Pyrmont lehnte heute einen freiwilligen Verzicht auf den Thron ab. Der Fürst wird deßhalb vom Arbeiter- und Soldatenrat Arolsen vom heutigen Tag an als abgesetzt erklärt.

Arolsen, 13. 11. 18. 4 Uhr nachm.

I. A.
des Arbeiter- und Soldatenrates
Mattern, Vorsitzender.

Absetzung des Fürsten Friedrich von Waldeck November 1918

gezählt. Doch alsbald schon stellte sich im waldeckischen Landtag ein Sinneswandel ein, die Rückbesinnung auf den eigenständigen Charakter Waldecks gewann neuerlich die Oberhand. Als treibende Kraft erwies sich Landtagspräsident Oswald Waldschmidt, der jetzt alles vermied, um die Fortdauer des Akzessionsvertrags in Frage zu stellen. Hingegen zeigte er sich nachdrücklich bestrebt, so gut wie alles beim Alten zu belassen und dabei in Berlin möglichst gute Bedingungen für die Bewohner des Landes zu erreichen. Nur in einer Hinsicht schienen spätestens 1922 dringende Änderungen vonnöten: die Verfassungsverhältnisse bedurften einer Anpassung an die Forderungen der Weimarer Verfassung und den seit 1918 veränderten Rahmenbedingungen des nunmehrigen Freistaates. Noch ehe diese recht in Gang kamen, verkleinerte sich das Staatsgebiet im Frühjahr 1922 um Pyrmont, das nach fast 300jähriger Zugehörigkeit zu Waldeck an die preußische Provinz Hannover fiel.

An den von waldeckischer Seite mit großer Zähigkeit geführten Verhandlungen über eine neue Landesverfassung schieden sich schließlich die Geister. Während sich Oswald Waldschmidt sicher glaubte, unter

Der führende waldeckische Politiker der 20er Jahre: Oswald Waldschmidt

dem schützenden preußischen Finanzdach weiterhin die waldeckischen Eigeninteressen entwickeln zu können, kündigte der preußische
Ministerpräsident Otto Braun am 15. Juni 1926 den Akzessionsvertrag.
Als Auslöser für diesen höchst überraschenden Schachzug diente eine
Abstimmung in Schaumburg-Lippe – einem der anderen noch verbliebenen Kleinstaaten – über den Anschluß an Preußen. Das Ergebnis fiel
unerwartet knapp für Preußen aus und wurde in Berlin als Alarmzei-
chen verstanden. Im Falle Waldecks wollte man die Unabwägbarkeiten
von Volksabstimmungen nicht noch einmal eingehen und verlegte sich
jetzt lieber auf die Möglichkeiten, die der Akzessionsvertrag bot. Die
Begründung für dessen Kündigung trug freilich eine zynische Note.
Man sehe sich zu diesem Schritt gedrängt, „um dem Lande Waldeck
die Möglichkeiten zu geben, frei von jedem preußischen Einfluß seine
Verfassung und Regierungsform nach den Erfordernissen der Reichsverfassung zu gestalten", hieß es im Kündigungsschreiben. Ohne Frage
war jedem der politische Verantwortlichen in Berlin klar, was das Kündigungsschreiben bedeutete: den endgültigen und uneingeschränkten
Anschluß an Preußen.

Auch bei den Verantwortlichen des waldeckischen Landtags und
insbesondere bei Waldschmidt bestand an den unvermeidlichen Konsequenzen keine Frage – die Eigenstaaatlichkeit war ohne fremde Hilfe
nicht weiter zu erhalten. Freilich brachen nun innerhalb des Freistaates
Gräben auf, die längst zugeschüttet schienen. Während man davon
ausgehen durfte, daß ein Aufgehen des Landes in der Provinz Hessen-
Nassau unstrittig sei, erhoben sich 1927 im waldeckischen Upland
ernst zu nehmende und zugleich gut organisierte Wünsche, der
Provinz Westfalen zugeschlagen zu werden. Im Kreis der Eder wiederum, wo schon 1920 ein Anschlußbegehren an Preußen betrieben
worden war, drängte man neuerlich auf eine rasche Lösung im
genannten Sinne, ohne daß man auf die Fristen des Akzessionsvertrages Rücksicht nehmen wollte. Schließlich ging aber doch alles
seinen geregelten Gang der Dinge, wobei der Landesdirektor
Schmieding einen wesentlichen Einfluß auf die Entscheidungen nahm.
Denn die sezessionistischen Wünsche des Uplandes kamen schließlich
ebensowenig zum Zuge wie die Eiligkeitsbestrebungen im Edertal.
Waldeck sollte auch fortan erst einmal seine alte Einheit beibehalten –
und selbst die überkommen Kreise, die nach preußischen Maßstäben
als viel zu kleinräumig galten, blieben vorerst erhalten. Bis 1942 sollte
es dauern, ehe ihr Zusammenschluß zu einem neuen Kreis Waldeck
stattfand.

Von preußischer Seite sah man in dem jetzt absehbaren Anschluß Waldecks keinerlei wirtschaftliche oder finanzielle Vorteile, sondern glaubte damit vielmehr einen „besonders bedeutsamen Schritt zu einer Neugestaltung der territorialen Verhältnisse in Deutschland" tun zu können. Entsprechend großzügig verfuhren die preußischen Unterhändler, die sich von Waldschmidt und seinen Mitstreitern zahlreiche Zugeständnisse abringen ließen. Der wichtigste Erfolg von waldeckischer Seite lag darin begriffen, das immer noch sehr umfangreiche Domanialvermögen vor dem preußischen Zugriff zu retten und ausschließlich für waldeckische Belange zu reservieren. Rund ein Jahr lang dauerte schließlich das zähe Ringen um die Anschlußbedingungen.

Die Begehrlichkeiten, die sich in Waldeck von den verschiedensten Seiten und von höchst unterschiedlicher Gewichtung einstellten, wurden keineswegs alle von preußischer Seite erfüllt. Dennoch kam im März 1928 ein Vertrag zustande, der den Interessen der Petenten auf weiten Strecken entgegenkam. So sollte etwa die Stadt Wildungen von dem Vertrag profitieren, auch die Stellung der Beamten verbesserte sich ersichtlich, und der vor allem von der Auflösung des Landesdirektoriums betroffenen Stadt Arolsen wurden erhebliche Zugeständnisse gemacht, um ihre Lage nach Verlust des Landesdirektoriums abzumildern. Keine Frage: Preußen zeigte zumindest in der letzten Phase der waldeckischen Eigenstaatlichkeit beachtlichen Großmut. Die erheblichen Vorteile wirtschaftlicher Art, die der Vertrag nach sich ziehen sollte, machten dem waldeckischen Landtag die uneingeschränkte Zustimmung leicht. Als auch das preußische Abgeordnetenhaus das Vertragswerk billigte, schien der Weg bis auf ein kleines, aber nicht unerhebliches Hindernis frei: Der Waldeckische Wirtschaftsbund klagte vor dem Reichsgericht in Leipzig gegen den Anschluß, doch wurden die Kläger noch rechtzeitig vor dem offiziellen Vollzug des Vertrages abschlägig beschieden.

Auf der Feier, die am 1. April 1929 den Übergang Waldecks an Preußen begleitete, sollte der Rückblick auf die beeindruckend lange Eigenstaatlichkeit nicht zu kurz kommen. Vor allem der noch verbliebene oberste waldeckische Verwaltungsbeamte, Dr. Ernst Herberg, sprach sie in seiner Rede offen an. „Mag nun auch das Erlöschen des Waldeckischen Staatswesens von einzelnen Teilen der Bevölkerung als plötzlicher Abbruch jahrhundertelang mit Liebe gepflegter Überlieferung schmerzlich empfunden werden", so müsse jetzt gleichwohl „der Gesichtspunkt der Anhänglichkeit an altgewohnte Einrichtungen

§ 19

(1) Der Preußische Staat wird die dem Zweckverband zur Last fallende staatliche Grundvermögensteuer während der ersten zehn Jahre nach der Vereinigung außer Hebung lassen bezw. erstatten.

(2) Die durch diesen Vertrag oder zu seiner weiteren Durchführung geschehenden Übereignungen gehen frei von Steuern, Stempeln, Gebühren und Gerichtskosten vor sich. Grundbuchliche Berichtigungen erfolgen auf Antrag der neuen Eigentümer nach Maßgabe dieses Staatsvertrags.

§ 20

Als Tag des Inkrafttretens des die Vereinigung aussprechenden Reichsgesetzes soll der 1.April 1929 vorgesehen werden.

Zu Urkund dessen haben die Bevollmächtigten diesen Vertrag unterzeichnet und untersiegelt.

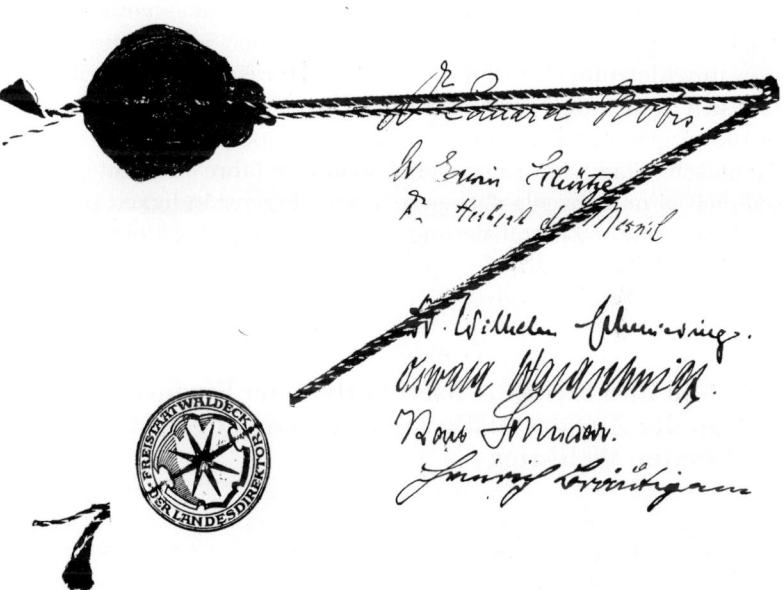

Vertrag mit Preußen über das Ende des Freistaates Waldeck

zurücktreten hinter die Tatsache, daß die Vereinigung Waldecks mit Preußen nicht das Produkt einer Augenblickserregung, sondern eine Staats– und wirtschaftspolitische Notwendigkeit, das Ergebnis einer bereits seit längerer Zeit begonnenen Entwicklung" bedeute.

Die „Naturnotwendigkeit", mit der Herberg den Anschluß ummäntelte, fand freilich auch außerhalb Waldecks ernstzunehmende Kritiker. Vor allem in der liberalen Presse verwies man auf den Bruch des Volkswillens, wie er spätestens auf der offiziellen Feier noch einmal unübersehbar zutage trat. So sprach die einflußreiche „Frankfurter Zeitung" von einem „frostigen Hochzeitsfest", das am 1. April 1929 in Arolsen stattgefunden habe. In der „frostigen Stimmung der ganzen Festgesellschaft" wollte der distanzierte Beobachter die „Zeugen einer wirklichen Volksstimmung" erkennen. Doch alle bei dieser Gelegenheit aufkommende Kritik, daß gerade das wichtigste staatsrechtliche Prinzip der nachmonarchischen Zeit – die Volkssouveränität – verletzt worden sei, kam nun zu spät. Die Ära der waldeckischen Selbstständigkeit war nun unwiderruflich zu Ende. Aus der historischen Rücksicht freilich läßt sich dem Aufgehen Waldecks in Preußen ein beachtliches Maß an Ironie abgewinnen. Denn der seinerzeit noch schier übermächtige preußische Staat verlor nur wenig später im Jahre 1932 mit dem sogenannten „Preußenschlag" ebenfalls seine Eigenständigkeit und mußte so dem Zug zur Zentralisierung und Auflösung der kleineren Einheiten selbst Tribut zollen.

IX. Land und Dynastie nach Verlust der Eigenständigkeit: von der Zeit des Nationalsozialismus bis nach dem Zweiten Weltkrieg

Die Ereignisse des 1. April 1929, obwohl zuerst einmal der Abschluß einer Entwicklung, warfen doch zugleich schon die langen Schatten auf die Zukunft Waldecks: der scharfe Einbruch des Nationalsozialismus zeichnete sich jetzt schon ab. „Pfuirufe völkischer oder unreifer Burschen" wurden nämlich neben den Bekundungen des Selbständigkeitswillens von dem Berichterstatter der „Frankfurter Zeitung" während der Arolser Feier mit großer Aufmerksamkeit registriert. Solche Äußerungen waren bezeichnend genug für die 20er Jahre, während deren die konservativen Parteien und Wahlgruppierungen wie der „Landbund" eindeutig die zuvor leichte Dominanz des Liberalismus abgelöst

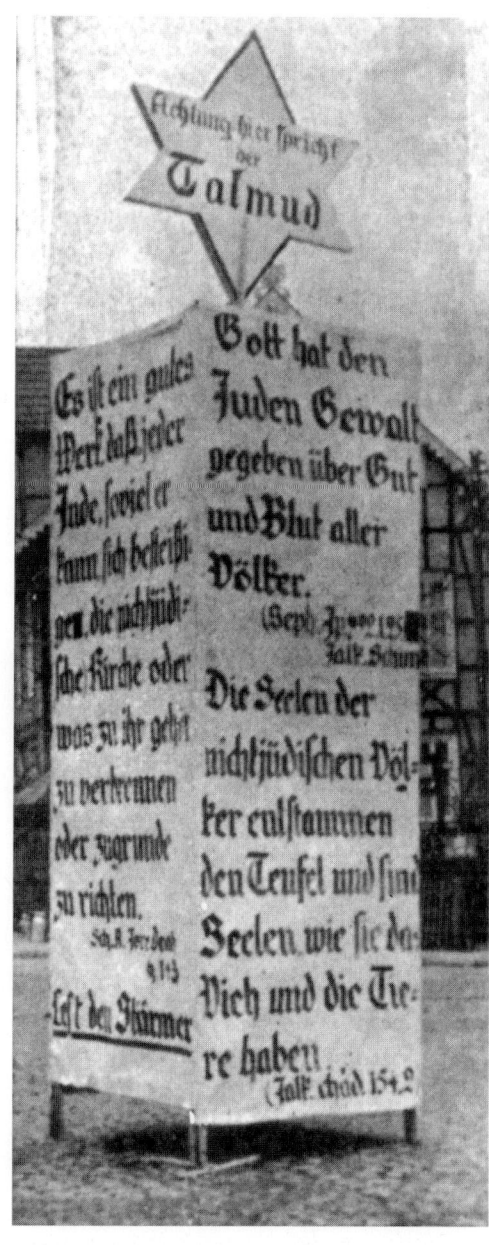

Antijüdische Propaganda in Korbach

hatten. Als persönlicher Ausweis der veränderten politischen Gewichtung prägte der deutschnationale Oswald Waldschmidt während der Weimarer Zeit nahezu unumstritten die waldeckische Politik. Im traditionsverhafteten „Landbund", dessen Vertreter Karl Schnaar auch an den Verhandlungen mit dem preußischen Innenminister über die Beitrittsbedingungen zu Preußen beteiligt war, fand er eine starke Stütze seiner politischen Auffassungen.

Doch 1929 zeichneten sich neue Konturen ab: Der Nationalsozialismus begann früh in Waldeck Fuß zu fassen. Wie schon zuvor des öfteren der Fall, ging auch diesmal das Fürstenhaus der allgemeinen Entwicklung voran. Der seinerzeitige Erbprinz Josias trat nämlich 1929 der SS bei und sollte fortan eine herausragende Rolle innerhalb der nationalsozialistischen „Bewegung" spielen. Denn in seine Münchener Zeit fiel der Röhm-Putsch, an dem er unmittelbar beteiligt war. Später wurde er sogar Beisitzer am Volksgerichtshof und hatte höchste Positio-

*Rudolf Heß zu Besuch in Arolsen 1936 beim Verlassen des Schlosses
mit Prinz Josias von Waldeck und Pyrmont*

nen innerhalb der SS inne. Auch wenn die Bedingungen der immer
noch vornehmlich agrarischen Gesellschaft Waldecks den raschen Erfolg des Nationalsozialismus in Waldeck erheblich erleichterten, so
kam doch der Gesichtspunkt hinzu, daß mit dem Erbprinzen ein herausragender Vertreter des fürstlichen Hauses als Leitbild und Orientie-
rungspunkt dienen konnte.

Nachdem die Reichstagswahl vom Juli 1932 der NSDAP bereits über 63
Prozent der Stimmen bescherte, beschleunigte sich die Verankerung
der Partei im Wählerverhalten seit dem Frühjahr 1933 noch weiter. Die
Machtergreifung Hitlers verlieh dem Nationalsozialismus neuerliche
Unterstützung, jetzt konnte die SA im Lande noch ungetrübter auftreten als zuvor. Bemerkenswert war, wie leicht und rasch das NS-Gedan-
kengut Aufnahme in den Vereinen fand, und wie wenig ihm selbst innerhalb der Kirche entgegengetreten wurde. Zwar sprach Oberkirchen-
rat von Haller im Dezember 1933 vor der waldeckischen Pfarrerschaft
durchaus „von der Not und Armut, von der Schmach der evangelischen Kirche im Dritten Reich", betonte jedoch zugleich, daß diese
„nicht durch die herrschende Partei, am allerwenigsten durch den von

uns allen mit höchster Dankbarkeit verehrten Führer und Kanzler herbeigeführt ist." Der Hitlerkult nahm nicht nur bei Haller, sondern ganz
generell in Waldeck ausgeprägte Ausmaße an, wie es in der überrei-
chen Verleihung von Ehrenbürgerrechten durch Städte und Gemeinden gleichermaßen zum Ausdruck kommt. Offenbar schien man in
dem Nationalsozialismus jene Hoffnungen ruhen zu sehen, von denen
man erwartete, daß sie die vielfältigsten Formen der Perspektivlosig-
keit ablösen konnten. Wahrscheinlich sollte die Figur Hitlers – im Gefolge der Verehrung Hindenburgs – auch ein Stück jener Leere kom-
pensieren, der 1918 bei Abschaffung der monarchischen Staatsform
eingetreten war. In Waldeck beruhte die Sinn– und Identitätskrise zu
Ende der 20er und zu Beginn der 30er Jahre keineswegs nur in wirtschaftlichen und politischen Problemen, sondern reichte stärker als an-
derswo auf die nach der Novemberrevolution geänderte Verfassungs-
form des bis dahin monokratisch geführten Landes zurück.

Der neue politisch-psychologische Fixpunkt, wie er in der Gestalt Hitlers gesehen wurde, führte jedoch bei den Einsichtigen rasch zur Reue.

Zerstörung der Staumauer im Edersee 1943

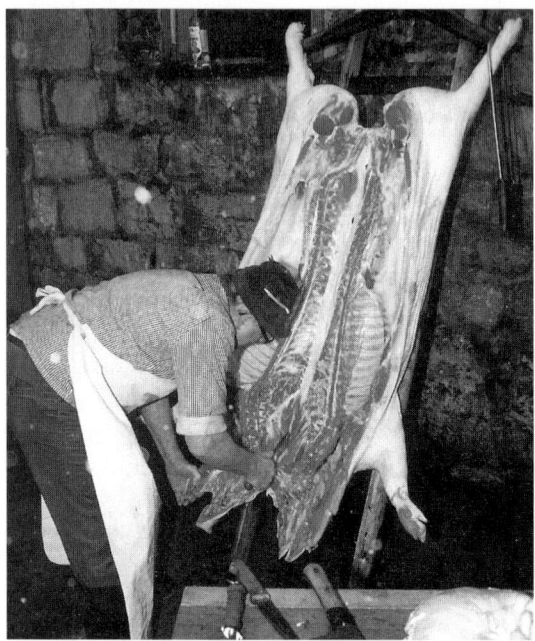

Hausschlachtung nach dem Kriege

Bernhard von Haller beispielsweise kam bereits 1935 für die eben zuvor aufgelöste waldeckische Landeskirche zu dem Schluß, daß „ohne Übertreibung gesagt werden" dürfe, daß „die Kirche bei uns ihren Teil dazu geholfen hat, den Boden zu bereiten, in dem die Saat des Nationalsozialismus aufgehen konnte." Sicherlich war eine solche offene Selbstkritik nicht allenthalben zu erwarten, obwohl die Behandlung der jüdischen Mitbürger jedem offenbar machen konnte und mußte, welches Maß an Unmenschlichkeit der Nationalsozialismus in seinem Programm enthielt und nun auch in die Praxis umsetzte. Vor allem in den beiden Städten Korbach und Arolsen hatten seit dem 18. Jahrhundert größere jüdische Gemeinden bestanden; in Korbach wurde der angesehene jüdische Kaufmann Jacob Wittgenstein im Zuge der liberalen Stimmung der 40er Jahre des 19. Jahrhunderts sogar in den waldeckischen Landtag einrücken. Doch auch das waldeckische Fürstenhaus profitierte ganz entschieden von der jüdischen Finanzkraft – und unter Fürst Georg Victor und seiner außerordentlich offenen Gemahlin Helene war recht enger Kontakt mit den jüdischen Bürgern Arolsens an der Tagesordnung. Diese Zeiten waren Mitte der 30er Jahre vorbei – jetzt paßte man sich dem von oben verordneten Gang der Dinge an oder stellte sich sogar an seine Spitze. Nach 1933 verlor auch Waldeck innerhalb weniger Jahre einen wirtschaftlich regen, künstlerisch hochstehenden und meist hochgeachteten Teil seiner bisherigen Bevölkerung.

Hatte der Erste Weltkrieg das waldeckische Land nur mittelbar berührt, so sollte sich dies im Zweiten Weltkrieg nachhaltig ändern. Denn die Edertalsperre bot nunmehr von der Luft her ein lohnendes Angriffsziel für die alliierte Militärstrategie in Form der psychologischen Kriegsführung. Als die Sperrmauer am 17. Mai 1943 von einer Wasserbombe getroffen wurde und ein großes Loch entstand, setzte abrupt eine Flutwelle ein, die eine äußerst verlustreiche Überschwemmung des unteren Edertales nach sich zog. Insbesondere die Gemeinden Hemfurth, Bergheim und Affoldern wurden betroffen. Die Urgewalt der Wassermassen war so groß, daß die verursachten Schäden bis nach Kassel reichten. Im Erleben der Zeitgenossen gewann das kriegsbedingte Ereignis einen Charakter, wie er in der frühen Neuzeit üblicherweise von schweren Naturkatastrophen verursacht wurde. Es scheint jedenfalls, als ob das weit voraussehbare Kriegsende weniger Eindruck verursachte als die zwei Jahre zuvor eingetretene Flutkatastrophe im Edertal.

Allerdings sollten die nach Kriegsende in Waldeck angesiedelte hohe Zahl von Flüchtlingen und Heimatvertriebenen einen erheblichen Einschnitt für das Land bedeuten. Mit Ausnahme der höchst bewegten Jahre zu Ende des Dreißigjährigen Krieges hatte Waldeck nämlich immer Verluste an Bewohnern zu verzeichnen, die Zuwanderung blieb durchweg Ausnahme. Noch während des Zweiten Weltkrieges, mehr aber noch nach seinem Ende, kehrten sich die Vorzeichen der Bevölkerungspolitik um. Hatte Waldeck in der Vorkriegszeit 62000 Einwohner gezählt, so war die Bevölkerungszahl schon unmittelbar nach dem Kriege auf dem Stand von 92000 Einwohnern angelangt. 1951 belief sie sich die Zahl schon auf 95000 Einwohner und hatte sich damit gegenüber dem Vorkriegsstand fast um die Hälfte vermehrt. Durch diesen äußerst starken Bevölkerungszuwachs innerhalb kürzester Zeit veränderte sich nicht nur die Bevölkerungsdichte in dem bisher dünn besiedelten Land ganz entscheidend. Vielmehr nahm auch die bislang recht homogene konfessionelle Struktur des Landes, in der das Luthertum eine herausragende Rolle spielte, gänzlich neue Züge an.

In der Nachkriegszeit trat auch eine nachhaltige Veränderung in der Wirtschaftsstruktur Waldecks ein, denn die früher nahezu völlig domi-

Aufforderung!

Junge Mädchen

im Alter von 17 bis 25 Jahren werden freundlichst aufgefordert
sich auf dem Bürgermeisteramt zu melden, um einer Vereinigung
beizutreten, deren Aufgabe es ist, bei amerikanischen Veranstaltungen durch Tanz und Unterhaltung mitzuwirken. Diese
Veranstaltungen werden unter Aufsicht geführt und sicheres
Geleit nach Hause wird jeweils arangiert.

Der erste Tanz

findet am

Freitag, den 26. Okt. 1945

in der Wandelhalle hinter dem Badehotel statt.

BAD WILDUNGEN, den 23. Oktober 1945

Der Bürgermeister.

Buchdruckerei Max Lorenz

Tanzaufforderung in Bad Wildungen nach dem Krieg

Die Mühlenkopfschanze in Willingen/Hochsauerland

nierende agrarische Prägung ging jetzt allmählich verloren. Sie wurde zum einen abgelöst von einer stärkeren Durchmischung von Kleinindustrie und Handwerk, andererseits entwickelte sich der Fremdenverkehr landesweit zu einem beachtlichen Erwerbszweig. Am stärksten von den Segnungen des Fremdenverkehrs profitierten die Region um den Edersee und das waldeckische Upland. Überdies erfaßte auch der allgemeine Wirtschaftsaufschwung seit den 50er Jahren das zuvor erheblich retardierte Waldeck. Bereits zu Anfang der 70er Jahre waren die vom Krieg hinterlassenen Spuren verwischt. Mehr als zuvor hatte sich in vergleichsweise kurzer Zeit das äußere Profil des Landes und seiner Bewohner verändert.

Zu Beginn der 70er Jahre freilich zeichnete sich ein weiterer Einschnitt für das ehemalige Fürstentum Waldeck ab, das seit 1942 in den Grenzen eines Kreises weitergelebt hatte. Mit Erlaß vom 20. November 1972 leitete nämlich der Hessische Minister des Inneren ein Anhörungsverfahren für die gebietliche Neugliederung der Landkreise Waldeck und Frankenberg ein. Sie sollte mit dem Zusammenschluß beider Gebietskörperschaften am 1. Januar 1974 enden. Der politische Akt war nicht unumstritten und weckte auf beiden Seiten erhebliche Emotionen. In einer Hinsicht freilich blieb der Zusammenschluß von geringeren Problemen behaftet als bei der Vereinigung der drei waldeckischen Kreise im Jahre 1942. Während seinerzeit eine heftige Kontroverse zwischen Korbach und Arolsen um den Kreissitz entbrannte, stand das siegreiche Korbach diesmal früh als neuer Verwaltungssitz fest. Blickt man zurück auf die politischen Optionen Korbachs im späten 16. und frühen 17. Jahrhundert, dann darf auch von einem historisch geprägten Kompromiß gesprochen werden.

Das Wappen des neuen Kreises Waldeck-Frankenberg macht den Weg des früheren Fürstentums und Freistaates in das hessische Gemeinwesen am besten deutlich. Denn neben dem hessischen Löwen, der für Frankenberg als als einem der ältesten hessischen Vororte gegen das westfälische Gebiet Aufnahme fand, stand nun im neuen Kreiswappen der altüberlieferte waldeckische Stern.

Wappen des Lankreises Waldeck-Frankenberg

X. Quellen und Literatur

1. Über die Literaturangaben hinaus benutzte Archive

Rijksarchief Gelderland, Arnheim
Geheimes Staatsarchiv Preußischer Kulturbesitz, Berlin
Algemeen Rijksarchief, Den Haag
Koninklijk Huisarchief, Den Haag
Hessisches Staatsarchiv Marburg
Archives du Ministère des Affaires Etrangères, Paris
Haus-, Hof und Staatsarchiv Wien

2. Überblicksdarstellungen, Regentenhaus, Kommunen und statistische Literatur

Bing, H.: Finanzgeschichte Waldeck-Pyrmonts von der Wende des 18. Jahrhunderts bis zum Jahre 1929, Korbach [2] 1990
Cramer, Claus: Territoriale Entwicklung, in: B. Martin/R. Wetekam (Hrsg.), Waldeckische Landeskunde, Arolsen 1971, S. 171 – 261
Curtze, L.: Geschichte und Beschreibung des Fürstenthums Waldeck. Ein Handbuch für Vaterlandsfreunde, Arolsen 1850
Hoffmeister, J. Ch. C.: Historisch-genealogisches Handbuch aller Grafen und Fürsten von Waldeck und Pyrmont seit 1228, Kassel 1883
Medding, W.: Korbach. Die Geschichte einer deutschen Stadt, Korbach [3] 1988
Menk, G.: Grundzüge der Geschichte Waldecks in der Neuzeit. Perspektiven und Perseveranz kleinstaatlicher Politik, in: Hessisches Jahrbuch für Landesgeschichte 37, 1987, S. 241 – 297
ders., Dörfliche Eigenständigkeit und Initiative am Beispiel Höringhausens. Quellen und Traditionen kommunalen Verhaltens in der Neuzeit, in: Geschichtsblätter für Waldeck 77, 1989, S. 45 – 79
Nicolai, H.: Arolsen. Lebensbild einer deutschen Residenzstadt, Glücksburg 1954
Reichardt, C.: Geschichte von Stadt und Bad Wildungen, Bad Wildungen 1949
Stracke, A.: Die Bevölkerungsverhältnisse des Fürstentums Waldeck auf agrargeschichtlicher Grundlage, in: Geschichtsblätter für Waldeck und Pyrmont 10 und 11, 1910 – 1911

Varnhagen, J. A. Th. L.: Grundlage der Waldeckischen Landes– und Regentengeschichte, Göttingen 1825

2. Mittelalter

Bockshammer, U.: Ältere Territorialgeschichte der Grafschaft Waldeck, Marburg 1958 (Schriften des Hessischen Amts für geschichtliche Landeskunde 24)

Cramer, C.: Die Stifterfamilie des Klosters Arolsen. Eine Studie zur Entstehung der Grafschaft Waldeck, in: Hess. Jahrbuch für Landesgesch. 1, 1951, S. 110 – 127

Heinemeyer, W.: 800 Jahre Stadtrecht für Korbach, in: Geschichtsblätter für Waldeck 76, 1988, S. 5 – 16

Menk, G.: Vom Burgmannensitz zur Stadt des Fremdenverkehrs. 750 Jahre Geschichte der Stadt Waldeck im Überblick, in: Geschichtsblätter für Waldeck 71, 1983, S. 47 – 57

Schwersmann, A.: Das Benediktinerkloster Flechtdorf in Waldeck, Darmstadt-Marburg 1984 (Quellen und Forschungen zur hessischen Geschichte 51)

Schwind, F.: Graf Adolf I. von Waldeck (ungedruckt)

Stengel, E. E.: Politische Wellenbewegungen im hessisch-westfälischen Grenzgebiet, in: Mitteilungen des Vereins für hess. Geschichte und Landeskunde 1927, S. 4 – 8

3. Von der Reformation zum Westfälischen Frieden

Behr, H.-J.: Franz von Waldeck (um 1491 – 1553), in: Westfälische Lebensbilder. Bd. XIV, Münster 1987, S. 38 ff.

Curtze, K.: Geschichte der evangelischen Kirchenverfassung in dem Fürstenthum Waldeck, Arolsen 1851

ders.: Die kirchliche Gesetzgebung des Fürstenthums Waldeck, Arolsen 1851

Curtze, L.: Geschichte des Gymnasiums zu Corbach, Arolsen 1869

Engel, H.: Die Geschichte der Grafschaft Pyrmont von den Anfängen bis zum Jahre 1668, München 1972

Menk, G.: Rechtliche und staatstheoretische Aspekte im waldeckischen Herrschaftskonflikt 1588 – 1624, in: Geschichtsblätter für Waldeck 72, 1984, S. 45 – 74

ders.: Die Beziehungen zwischen Hessen und Waldeck von der Mitte des 16. Jahrhunderts bis zum Westfälischen Frieden. Territorialstaatliches Verhalten im Spannungsfeld von Lehnrecht und Superiorität, in: Geschichtsblätter für Waldeck 75, 1987, S. 43 – 206

ders.: Die Rekrutierung der Eliten in der Landgrafschaft Hessen bzw. Hessen-Kassel und Waldeck im 16. und 17. Jahrhundert, in: K. Malettke/J. Voss (Hrsg.), Humanismus und höfisch-städtische Eliten im 16. Jahrhundert, Bonn 1989, S. 61 – 90

ders.: Gräfin Elisabeth und die Beziehungen des Bildungsreformers Wolfgang Ratke-Ratichius zu Waldeck, in: Geschichtsblätter für Waldeck 79, 1991, S. 47 – 66

ders.: Zacharias Fridenreich (ca. 1573 bis ca. 1645). Ein lutherischer Jurist als Publizist und Praktiker im frühen 17. Jahrhundert, in: Zeitschrift der Savigny-Zeitschrift für Rechtsgesch., Germ. Abt. 109, 1992, S. 246 – 334

Schneider, H.: Johann Hefentreger und die Reformation in Waldeck, in: Hess. Jahrbuch für Landesgeschichte 40, 1990, S. 97 – 124

ders.: Der Waldeckische Reformator Johannes Hefentreger (Trygophorus) 1497 – 1542, Arolsen 1991 (Waldeckische Historische Hefte 2)

Schultze, V.: Waldeckische Reformationsgeschichte, Leipzig 1903

Tross, C. L. P.: Des Grafen von Waldeck Tagebuch während des Reichstages zu Augsburg 1548, Stuttgart 1861

Waldecker Chroniken, bearb. von P. Jürges, A. Leiß und W. Dersch, Marburg 1914 (Veröffentl. der Histor. Kommission für Hessen und Waldeck VII, 2).

4. Vom Westfälischen Frieden bis zum Ende der napoleonischen Ära

Canstein, B. Frhr. v.: Der Waldeckisch-Englische Subsidienvertrag von 1776. Zustandekommen, Ausgestaltung und Erfüllung, Arolsen 1989 (Waldeckische Forschungen 4)

Finnemann, A.: Düdinghausen. Geschichte eines Grenzdorfes, Düdinghausen 1992

Kümmel, B./Hüttel, R.: Indessen will es glänzen. Arolsen, eine barocke Residenz, Arolsen 1992

Menk, G.: Absolutismus und Regierungsform in Waldeck. Der Zugriff Graf Georg Friedrichs und seines Kanzlers Johann Viëtor auf Staat und Stände, in: Hess. Jahrbuch für Landesgeschichte 35, 1985, S. 69 – 135

ders.: Der Aufgeklärte Absolutismus in Waldeck. Ein Schreiben F. von Dalwigks am Fürst Friedrich (1772), in: Geschichtsblätter für Waldeck 78, 1990, S. 133 – 149

ders.: Die Reformvorschläge Anton Friedrich Sudens für das waldeckische Staats– und Finanzwesen im frühen 18. Jahrhundert, in: Hessisches Jahrbuch für Landesgeschichte 41, 1991, S. 177 – 203

ders.: Georg Friedrich von Waldeck 1620 – 1692. Eine biographische Skizze, Arolsen 1992 (Waldeckische Historische Hefte 3)

ders.: Erwerb und Verwaltung der Herrschaft Tonna durch Waldeck (1640 – 1677), in: Thüringische Forschungen. Festschrift für Hans Eberhardt zum 85. Geburtstag…, hrsg. von M. Gockel und V. Wahl, Weimar-Köln-Wien 1993, S. 189 – 213

ders.: Der frühneuzeitliche Beamte und die Staatsräson. Georg Friedrich von Waldeck und die Nachlaßregelung des Kanzlers Johann Viëtor, in: Geschichtsblätter für Waldeck 81, 1993, S. 35 – 75

ders.: (in Verbindung mit J. Fulsche und K. Knoche), Nachlaß der Familie Schurzfleisch. Bestandsverzeichnis und Bibliographie, Weimar 1994 (Veröffentlichungen des Thüringischen Hauptstaatsarchivs Weimar 1)

Murk, K.: Das Fürstentum Waldeck als Rheinbundstaat, Magisterarbeit Marburg 1988

5. Vom Deutschen Bund bis zum Ende des monarchischen Zeitalters

Berbüsse, V.: Geschichte der Juden in Waldeck. Emanzipation und Antisemitismus vor 1900, Wiesbaden 1990 (Schriften der Kommission für die Geschichte der Juden in Hessen XI)

Bohle, M.: Sozialstruktur, sozialer Wandel und politische Willensbildung im Fürstentum Waldeck 1871 – 1914, Arolsen 1991 (Waldeckische Forschungen 6)

Budach, W.: Das Fürstentum Waldeck in der Zeit des Deutschen Bundes: Studien zur Verfassungsgeschichte der Kleinstaaten 1815 bis 1866, Diss. jur. Kiel 1973

Bürsch, M.: Kleinstaatliche Verfassung zwischen Vormärz und Reaktion. Studien zur Entstehung der waldeckisch-pyrmontischen Verfassungsurkunden von 1849 und 1852, Diss. jur. Kiel 1970

Hufnagel, O.: Der waldeckische Staat, in: Archiv für öffentliches Recht NF 7, 1924, S. 194 – 208

Klüßendorf, N.: Papiergeld und Staatsschulden im Fürstenthum Waldeck (1848 – 1890), Marburg 1984 (Untersuchungen und Materialien zur Verfassungs– und Landesgeschichte 8)

Lengemann, J.: Die Präsidenten des waldeckischen Landtags 1848 – 1929, in: Geschichtsblätter für Waldeck 82, 1994, S. 265–334

Menk, G.: Koningin Emma en Waldeck, in: C. A. Tamse (Hrsg.), Koningin Emma. Opstellen over haar regentschap en voogdij, Baarn (Niederl.) 1990, S. 99 – 123

ders.: Das waldeckische Fürstenhaus, Königin Emma der Niederlande und der Waldeckische Geschichtsverein, in: Geschichtsblätter für Waldeck 82, 1994, S. 228–263

Nicolai, H. (in Zusammenarbeit mit W. Hellwig): Die Landesdirektoren und Landräte in Waldeck und Pyrmont 1860 – 1942, Korbach– Bad Wildungen 1952

ders.: Staat, Behörden und Beamte in Waldeck 1814 – 1868, Mengeringhausen 1956 (=Geschichtsblätter für Waldeck 48)

Ruppel, H.-R. (u. a.): Universeller Geist und guter Europäer: Christian Carl Josias von Bunsen 1791–1860. Beiträge zu Leben und Werk des „gelehrten Diplomaten", Korbach 1991 (Veröffentlichungen aus Archiv und Bibliothek der Alten Landesschule Korbach 2).

Stockhausen, E. v.: Lebensbild des Fürstlich Waldeckischen Geheimrates Carl Wilhelm von Stockhausen, Mengeringhausen 1905

Thomas, K.: Die waldeckische Auswanderung zwischen 1829 und 1872, 2 Bde., Köln 1983

Varnhagen, A.: Aus den Lebenserinnerungen des Geheimerats Robert Varnhagen, in: Geschichtsblätter für Waldeck 11, 1911, S. 90 – 142

Vehse, E.: Geschichte des Hauses Lippe zu Detmold und Bückeburg. Der Hof zu Waldeck und Arolsen ..., Leipzig o. J.

Weigel, D.: Fürst, Stände und Verfassung im frühen 19. Jahrhundert. Studien zur Entstehung der Verfassungsurkunden von 1814 und 1816 des Fürstentums Waldeck, Mengeringhausen 1967 (= Geschichtsblätter Waldeck 59)

Wippermann, E.: Steht die Grafschaft zu Waldeck unter Hessischer Lehnsherrlichkeit ? Eine staatsrechtliche Deduktion, Halle 1847

6. Weimarer Republik, Drittes Reich und Nachkriegszeit

Einwohnerbuch für Waldeck und Amtsgerichtsbezirk Vöhl, Korbach [1929]

Grötecke, J.: Bad Wildunger Juden und ihre Schicksale 1933 bis 1945, in: Geschichtsblätter für Waldeck 77, 1989, S. 245 – 276

Menk, G.: Das Ende des Freistaates Waldeck, Arolsen 1989 (Waldeckische Historische Hefte 1)

Potthoff, W.: 30 Jahre Landkreis Waldeck. 25 Jahre kommunale Selbstverwaltung, in: Martin/Wetekam, Waldeckische Landeskunde, S. 263 – 292

Schmeling, A.: Josias Erbprinz zu Waldeck und Pyrmont. Der politische Weg eines hohen SS-Führers, Kassel 1993 (Nationalsozialismus in Nordhessen, Heft 16)

Schneider, H.: Bernhard von Hallers Aufzeichnungen über den Kirchenkampf in Waldeck 1933/34, in: Geschichtsblätter für Waldeck 77, 1989, S. 81 – 188

Steiner, G.: Waldecks Weg ins Dritte Reich, Kassel 1990 (Nationalsozialismus in Nordhessen, Heft 11)

Tremmel, E.: Jüdisches Musikleben in Waldeck im 19. und frühen 20. Jahrhundert, in: Geschichtsblätter für Waldeck 77, 1989, S. 209 – 216

Wassmann, D.: Die Evangelische Landeskirche von Waldeck-Pyrmont am Vorabend der „Machtergreifung", in: Jahrb. der hess. kirchengesch. Vereinigung 44, 1993, S. 143 – 154

Wilke, K.: Die Geschichte der jüdischen Gemeinde Korbach, Korbach 1993

Wolkers, U.: Zwischen Kriegsende und Neubeginn. Erlebnisberichte aus dem Waldecker und Frankenberger Land, Korbach-Bad Wildungen 1991

Zimmer, B. J.: Deckname Arthur. Das KZ-Außenkommando in der SS-Führerschule Arolsen. Kassel 1994

Bildnachweis:

Titelseite: Burg und Stadt Waldeck – Ausschnitt aus einem Bild von Carl Waldeck

S. IV   Schloß zu Arolsen. aus: Waldeckische Landeskunde 1971

S. 6   Wappen des Fürstentums Waldeck zu Ende des 18. Jahrhunderts. aus: Beiträge zur Geschichte Waldecks und Pyrmonts 2. 1869.

S. 8   Karte Waldeck und Umgebung Mitte 18. Jahrhundert. Staatsarchiv Marburg, E 397.

S. 12   Urkunde des Zisterienserklosters St. Maria in Netze 1228. Staatsarchiv Marburg, Urkunden W Nr. 10532.

S. 14   Siegel Grafs Adolf I von Waldeck 1253. Staatsarchiv Marburg, Urkunde W Nr. 9241.

S. 16   Lehnsbrief König Wenzels für Graf Heinrich von Waldeck 1379. Staatsarchiv Marburg, Urkunde W Nr. 456.

S. 18   Spätgotisches Portal der Kilianskirche zu Korbach. Stadtarchiv Korbach.

S. 19   Regentenfigur aus der waldeckischen Grablege zu Netze: Graf Heinrich IV. L. Bing, Korbach-Bad Wildungen, o.J., S. 104

Schlußstein der Kirche zu Netze mit waldeckischem Wappenschild. aus: Schloß Waldeck und der Edersee, hrsg. von L. Bing, Korbach-Bad Wildungen, o.J., S. 106.

S. 21   Abendmahl-Flügelaltar der Kirche zu Netze. aus: Schloß Waldeck und der Edersee, S. 102.

S. 23   Graf Philipp III. von Waldeck. Schloß Arolsen. Foto Dr. D. Großmann, Marburg.

S. 26   Titelblatt der Waldeckischen Kirchenordnung von 1556. Staatsarchiv Marburg, Best. 115.7.

S. 27   Burg Waldeck in der Darstellung des 16. Jahrhunderts. Staatsarchiv Marburg P II 15 876.

S. 30   Philipp Nicolai. aus: Waldeckische Landeskunde 1971.

S. 31   Matthias Martinius. aus: Nassauische Annalen 1980.

S. 33   Waldeckische Städtebilder um 1605. aus: W. Dilich, Hessische Chronica, 1605

S. 35   Wappen Graf Wolrads IV. und seiner Gemahlin Anna von Baden. Staatsarchiv Marburg, Best. 147, Heraldica.

S. 37   Deduktion der waldeckischen Grafen aus dem Jahre 1619. Staatsarchiv Marburg, Amtsdrucksachen.

104

Philipp I.   * 1445   † 1475   ⚭   Johanna, Tochter des Grafen Johann IV. von Nassau-Dillenburg
                                              1464

Heinrich VIII.   * 1465   † 1513   ⚭   Anastasia, Tochter des Dynasten Wilhelm zu Runkel und Isenburg, † 1502
(Ältere Wildunger Linie)   1492

Philipp IV.   * 1493   † 1574   ⚭   Margarethe, Tochter des Grafen Edzard II. von Ostfriedland
                                              1522

Samuel   * 1528   † 1570   ⚭   Anna Maria, Tochter des Grafen Heinrich XLIII von Schwarzburg-Arnstadt-
                                              Sondershausen * 1538, † 1583

Günther   * 1557   † 1585   1.   ⚭   Margarethe, Tochter des Grafen Johann I. von Waldeck aus der jüngeren
                                              Landauer Linie * 1559, † 1580 (kinderlos)

                                     2.   ⚭   Margarethe, Tochter des Grafen von Gleichen und Herrn zu Tonna
                                              * 1556, † 1619

Wilhelm Ernst   * 1584   † 1598

1) (Philipp Nicolai war sein Lehrer, "Wie schön leuchtet der Morgenstern")